선생님, 오늘은 뭐 하고 놀아요?

선생님, 오늘은 뭐 하고 놀아요?

아이들과 함께한 예술교육 이야기

김한결 지음

사우

예술교육에 대한
치열한 고민과 실천에 대한 기록

주변 선생님들께 예술이 무엇이라고 생각하는지 물어보았다. 그리고 예술교육을 왜 해야 하는지, 어떻게 하고 있는지, 고민스러운 부분이나 어려운 점은 없는지 덧붙여 이야기해 달라고 부탁했다. 그동안 내가 들은 선생님들의 대답을 정리해 본다.

"예술은 마음을 움직이는 것이라 생각합니다. 교육에서는 아이들 마음이 움직일 수 있도록 감성을 깨우는 것이 필요하고요.

흥미 위주로는 나름 잘 가르치고 있다고 생각하지만 예술에 대한 전문성 부족이나 능력 부족으로 유튜브나 인터넷에서 다른 선생님이 제시한 활동을 참고하고 있습니다.

학생들과 벽화를 그린 일이 기억에 남아요. 꽤 큰 범위였고 교사도 학생도 처음 해보는 경험이라 힘들기도 했지만 좋은 기억으로 남아있습니다." _ 30대 G 선생님

"저는 예술을 추상적이고 난해한 것이라고 생각합니다. 저에게는 난해하지만 아이들은 예술교육을 통해 창의성이 자라나고 표현할 수 있는 기회가 되므로 다양한 장르와 만났으면 좋겠습니다.

여러 가지 표현을 가르치기 위해 노력 중이고, 교과서에 나와 있는 활동을 토대로 흥미를 높여보고 싶은데 마음처럼 잘 진행되지 않습니다." _30대 B 선생님

"예술은 경제적인 여유가 있는 사람의 여가생활이 아닌가요? 물론 아이들이 예술 활동을 재미있게 즐겼으면 해요.

하지만 제 수업 시간을 돌아보면 학생들의 즐거움과 기능적 향상을 함께 추구하기는 어렵더라고요. 교사의 기능적 한계도 어려움에 한몫했고요. 그래서 저는 학생들과 제가 쉽게 할 수 있으면서도 결과물이 잘 나올 만한 것을 찾기 위해 노력 중이에요." _30대 Y 선생님

"예술이란 잠재되어 있는 무언가를 표현하는 거라고 생각해. 잘 하고 못 하고는 별로 중요한 게 아니고 각자의 생각을 담는 게 더 중요하다고 생각하고.

그런데 예술을 가르치다 보면 결국 기능적으로 잘 하고 있는지 못 하고 있는지 평가하게 되더라고. '너의 생각을 담아라.' 이렇게 이야기할 수만은 없잖아. 우리는 교사니까."

_ 20대 J 선생님

"예술은 저와 제 주변을 직면하게 해주면서 편안함과 따뜻함을 줘요. 아이들도 예술을 향유할 수 있는 사람이 되었으면 좋겠고요.

하지만 막상 수업을 하다 보면 교육과정에 맞춰서 가르치게 되지 더 넓게 다각도로 가르치고 있지는 못해요. 특히나 건축 같은 부분은 다른 예술과 다르게 아이들의 삶과 멀리 떨어져 있어 실제적으로 접근하는 데 한계가 있더라고요.

저는 예술 활동을 하면서 창작의 경험도 중요하지만 표현 능력 부족으로 예술과 멀어지지 않게 하는 걸 제일 중요하게 생각하고 있어요.

기억에 남는 활동은 내가 쓴 글을 책으로 만들었던 활동이에요. 책으로 만드는 것을 목적으로 하니 자신의 삶이 담긴 글을 쓰면서 자신감을 가지고 다른 사람의 글을 이해하며 적극적으로 읽으려는 모습이 보이더라고요."

_ 30대 S선생님

"예술은 저를 좀 더 사람답게 만들어주는 활동이라고 생각해요. 아이들에게 예술교육을 하는 이유는 감성을 발달시켜주기 위해서입니다.

수준 높은 예술교육은 정말 필요하지만 저는 예술에 대한 전문성이 부족해 교과서와 인터넷 자료를 참고하여 교육을 하고 있습니다. 전문성 부족뿐만 아니라 시간도 문제입니다. 아무리 재능이 있어도 예술작품은 뚝딱 만들어지는 게 아니잖아요. 항상 시간에 쫓기며 수업을 했습니다. 예술에 흥미나 재능이 없는 학생들을 어떻게 수업에 참여하게 할지도 저에게는 큰 고민입니다.

기억에 남는 예술 활동은 학예회를 준비하면서 했던 카드섹션입니다. 사실 연습할 때는 동기부여나 의미보다는 완성도가 높아야 한다는 압박감에 질책도 하고 혹독하게 훈련도 시켰는데 막상 공연 때 좋은 결과가 나와 학생도 저도 뿌듯하고 자랑스러웠습니다."_30대 L 선생님

"아이들에게 예술을 가르치는 이유는 즐기면서 재미있는 생각을 표현하기 위해서지만, 결국 예술이란 재능 있는 사람들만 할 수 있는 어려운 분야 아닌가요?

사실 제가 예술에는 크게 관심이 없어서 아이들에게 어떻게 가르쳐야 할지 모르겠고 잘 안 가르치게 됩니다. 변명을 하

자면 제가 전문적인 지식이 부족하다는 겁니다. 요즘 아이들이 관심을 갖는 영상편집이나 웹툰을 지도해 보고 싶은데 결과물의 질이 떨어져 학생들도 저도 흥미를 잃게 되더군요." _ 30대 L 선생님

"저에게 예술은 해방입니다. 마음을 열고 타인 또는 공동체의 아픔을 느끼고 치유하는 과정이 가장 큰 예술교육의 목적이라 생각합니다.

하지만 불행히도 학교는, 예술이라는 이름의 허울을 쓴 가짜 예술이 지배하는 곳입니다. 저는 예술이 아닌 것을 예술로 가르치고 있습니다. 물론 예술과 관련된 소재와 자료는 풍부하지만 정작 예술이 무엇인지, 예술을 가르친다는 의미는 무엇인지 깊이 생각해볼 여백이 없습니다.

요즘은 교육과정이 허락하는 시간과 교육과정 안에서 어떻게 하면 학생들이 예술적 감수성을 조금이라도 더 느끼게

할 것인지 고민을 하고 있습니다." _ 40대 P 선생님

"예술은 민주적인 삶의 핵심이자 원동력 같아요. 아이들에게 예술을 통해 감수성과 창의성, 실천을 통해 다양성과 포용성을 길러주고 싶어요.
미술, 음악뿐만 아니라 여러 교과를 묶어서 범교과 학습주제로 예술을 가르치고 있는데 예술 전문성이 높지 않아서 혼자서 공부하고 수업을 설계하는 등 준비하는 과정이 쉽지 않네요. 또 학교다 보니 예술을 중심으로 교육과정, 수업, 평가까지 교육적으로 연계시키는 고민을 안 할 수가 없고요." _ 20대 K 선생님

"어렸을 때는 예술이 저와 관계가 없는 다른 세상인 줄만 알았습니다. 그런데 어른이 되니 인생의 큰 부분이고 항상 동경을 하고 있더라고요. 그래서 학생들도 예술교육을 통해

삶에서 지속적으로 즐거움과 행복을 느낄 수 있었으면 합니다. 하지만 예술교육을 막상 하려니 시범이나 예시를 보여주는 게 어려웠어요.

그래도 미술시간에 아이들이랑 에코백 디자인하기 수업을 한 적이 있었는데 실생활과 관련이 있어서 그런지 다른 때보다 적극적으로 수업에 참여했어요. 그림을 잘 그리든 못 그리든 상관없어요."_30대 Y 선생님

"예술이란 자신의 감정과 세계를 표현하는 것이라고 생각하는데, 아이들이 예술교육을 통해서 예술을 느끼는 사람으로 자라고 창의성이 길러졌으면 좋겠어. 근데 내 역량이 부족해서 아이들에게 항상 미안하지. 인터넷 자료의 힘을 빌려 겨우겨우 예술 활동을 하고 있는 편이야.

애들을 가르치면서 가장 기억에 남았던 순간은 현대미술에 대해 공부하고 여러 가지 기법으로 표현하기를 했는데, 원

하는 만큼 안 나와서 나는 속상했거든? 그런데 수업이 끝났을 때, 현대미술은 느낌 가는 대로 내가 좋아하는 색과 기법을 가지고 아무렇게나 하면 된다고 말하는 학생을 보면서 아차 싶더라고. 내가 욕심이 컸지." _ 20대 K 선생님

"예술은 아름다운 작품을 만들고 활용하고 즐기는 것이라고 생각해요. 교육적으로는 미적 감수성과 삶 속에서 문화를 향유할 수 있도록 가르치는 게 중요하고요. 그래서 저는 다양한 경험을 제공하고 있지만 사실 잘 가르치고 있는지는 모르겠어요. 제 예술 능력에 한계가 있어 일정 수준 이상은 가르치기가 힘들고 또 모든 아이가 예술을 좋아하는 건 아니기 때문에 수업을 하는 데 어려움이 있어요.
예술교육은 체계적이고 연속적인 수업을 구성하기가 어려워 고민이 많아요. 게다가 저는 시골에서 근무하고 있어서 다양한 체험활동에도 어려움이 있어요.

방학 때 아이들과 예술 체험을 하려고 도시로 나간 적이 있었는데 아이들의 흥미와 관심사에 따라 다양한 체험을 할 수 있어서 좋았던 기억이 있습니다."_20대 P 선생님

고민을 나누는 기회가 되기를

저마다 예술에 대한 정의는 달랐다. 예술을 바라보는 시선도 천차만별이었다. 어떤 선생님에게는 예술에 대한 거부감이 보이기도 했고 어떤 선생님에게는 삶의 큰 부분을 차지하고 있기도 했다.

예술에 대한 정의가 다르니 학생들에게 예술교육을 하는 이유도 저마다 다를 수밖에 없었다. 누군가는 표현을 통해 얻는 것을 중요하게 생각하고, 누군가는 감상을 통해 얻는 것을 중요하게 생각했다. 공통점은 그 누구도 예술의 기능

을 궁극적인 목적으로 생각하고 있지는 않다는 점이다.

예술교육에 대해서는 대체로 비슷한 답변이 나왔다. 대부분의 선생님들이 예술을 잘 가르치고 있는지 확신이 없다고 대답했다. 어려움은 없냐는 질문에는 대부분 예술적 기능의 부족함을 토로했다. 기능이 부족해서 아이들을 어떻게 가르쳐야 할지 모르겠다는 선생님들의 고민에 충분히 공감이 갔다. 어쩌면 현장 예술가들도 고민하고 있는 부분일지도 모르겠다.

그렇다고 예술교육을 포기한 선생님은 없었다. 본인의 위치에서 누군가는 교과서를 붙잡고, 누군가는 다양한 자료를 찾아보면서 이것저것 시도하고 노력하고 있었다. 내 고민과 별반 차이가 없어서 위안이 되기도 했다.

나는 지금 예술교육에 관련된 책을 쓰고 있다. 하지만 애석하게도 선생님들에게 해답을 줄 만큼 교육 경험이 많은 교사도 아니고 '이렇게 저렇게 하면 훌륭한 작품을 완성할 수 있습니다.'라고 조언해 줄 만큼 기능적으로 완벽한 교사도 아니다. 부족한 실력으로 아이들에게 예술로 다가서 보겠다고 덤벼들었다가 한 대 얻어맞은 적도 있고, 수업은 시작했는데 마무리를 하지 못해 흐지부지 시간만 허비한 적도 있다.

그러니 이 책은 내 경험과 고민을 길게 적어 놓은 수업일기이기도 하며 나와 학생들이 행복하게 보낸 시간을 기록한 글이기도 하다. 비록 체계 없이 엉망인 수업이더라도 아이들과 함께 예술의 장르를 넓혀가면서 재미있게 놀았던 기록이며, 아이들의 이야기를 깊이 새겨듣고 마음에 담은 내용을 정리한 글이다.

이 책이 어떤 선생님에게는 고민을 해결하는 데 조금이나마 도움이 될지도 모르겠고 어떤 선생님에게는 고민만 더해주는 책이 될 수도 있겠다. 그럼에도 이 책을 내보이는 까닭은 함께 고민을 나누는 기회를 만들어보고 싶었기 때문이다.

40대 선배님의 말씀이 계속 마음 한구석에 남는다.

"예술이 아닌 것을 예술로 가르치고 있습니다. 물론 예술과 관련된 소재와 자료는 풍부하지만 정작 예술이 무엇인지, 그리고 그것을 가르친다는 의미는 무엇인지 깊이 생각해볼 여백이 없습니다."

아마 정답은 없을 것이다.

예술이라는 이름으로 규격화된 수업을 하기 싫어서 내 나름대로 예술을 정의했다. 예술을 어떻게, 왜 가르쳐야 하는지 여백을 만들어 놓고 고민했다.

더 많은 선생님이 예술에 대해 한 번쯤 깊이 있게 고민해보기를, 이 책이 선생님들에게 예술교육에 대한 실마리를 제공해주기를, 무엇보다 예술을 통해서 아이들과 원활하게 소통할 수 있기를 바라는 마음이 크다.

2020년 겨울
김한결

II
◆

I

◆

예술 장르를 접할 때
처음이라 두렵기도 하고
잘 몰라 어렵기도 하고
익숙해서 귀찮기도 하다.
아이들도 그렇다.

그렇기에 예술과 만나는 형식에
더욱 신경 쓸 필요가 있다.

선생님, 예술이 뭐예요?

나는 예술가가 아니다.

하지만 그림 그리는 것도 좋아하고 기타 치면서 노래하는 것도 좋아한다. 가끔은 차마 표현하지 못한 이야기를 노래로 만들기도 한다. 그뿐만이 아니라 독립영화를 만들어보겠다고 영상편집을 공부한 적도 있고, 동화를 쓰겠다고 몇 달을 끙끙거린 적도 있다. 카메라를 사 들고 훌쩍 여행을 떠난 적도 있었다.

나를 보고 누군가는 농담 반 진담 반 예술가라고 말한다. 하지만 결과물을 보면 예술가라 불리기에는 한참 부족하다. 그럼에도 나는 매번 내 삶을 다양한 방법으로 표현했고 그 과정은 결과와 상관없이 즐거웠다. 주변 사람들은 이런 나를 보며 "나도 어릴 적부터 꾸준히 했으면 너처럼 취미가 하나라도 있을 텐데…"라며 부러워하곤 한다.

그럴 때마다 '왜 예술을 어렵게 바라보지?' 생각해보게 된다. 여러 사람과 대화를 나누어본 끝에 나름대로 결론을 내렸다.

어른들이 예술을 어렵게 바라보는 이유는 어린 시절 예술 활동에 대한 경험이 부족하기 때문이 아닐까? 어쩌면 좋지 않은 기억을 갖고 있을지도 모른다. 지인은 초등학교 때 미술시간에 선생님께 "너는 그림 그리는 재주가 없구나"라는 한마디를 들은 이후로 미술시간이 괴로웠다고 호소했다. 그 후로 그림을 그리려고 하면 머릿속이 하얘지면서 아무것도 그릴 수 없었다고 한다.

어른이 된 친구들을 모아놓고 그림 그리는 시간을 가진 적이 몇 번 있었다. 다들 활짝 웃는 모습을 보면 지루해하거나 흥미를 느끼지 못하는 건 아니었다.

어른들의 웃는 얼굴 전후로 공통점이 있다. 우선 뭘 그려

야 할지, 고민하는 시간이 길다. 그리고 싶은 것을 찾는 과정을 어려워하고, 그래도 될까 걱정하곤 한다. 막상 그리기 시작한 뒤부터는 아이처럼 장난꾸러기가 되어 깔깔거리며 즐거워한다. 그렇게 재밌는 시간을 보내고 나서는 완성된 작품을 남과 비교하며 보여주기를 부끄러워한다.

그런 어른들을 바라보면서 자연스럽게 교사로서 아이들을 어떻게 가르쳐야 하는지 생각해보게 되었다. 이처럼 내가 아이들에게 예술을 가르쳐야 할 이유는 점점 많아져 갔다.

0~10세, 음악 재능이 결정되는 시기

내가 아이들과 예술 활동을 해야겠다고 마음먹은 가장 큰 계기는 음악에 대한 재능이 0~10세 사이에 결정된다는 연구 결과를 보고 난 뒤였다. 절대음감도 만 7세 이전에 만들어진다니, 놀라웠다. 이런 사실을 발견한 것만으로도 애들한테 예술교육을 해야겠다는 동기로 충분했다.

물론 그 외에도 예술교육의 필요성은 나열할 수 없을 만큼 많다. 창의력, 인성교육, 진로교육 등 정말 많은 측면에서 예술교육은 중요하다.

나는 현장에서 아이들과 만나는 교사로서 예술교육의 목적을 다음과 같이 설정했다.

첫째, 아이들이 다양한 예술 활동을 접할 수 있도록 기회를 만들고 흥미와 관심을 갖도록 해주는 것이다. 경험상 기존의 예술 관련 수업은 그다지 깊이 있게 이루어지지 않는다. 개인적인 생각이지만 현장의 예술 수업은 다른 과목에 비해 관심도 부족하고 체계적이지 못하다. 그러므로 아이들을 다양한 예술에 노출시켜 예술이 내 주변 가까이 있다는 것을 느끼게 해주고 싶다.

둘째, 창작활동을 통해 자신과 세상을 표현하는 기회를 갖게 해준다. 아이들에게는 자신의 이야기를 할 수단이 한정되어 있다. 기껏 해봐야 발표라던가 일기 쓰기 정도밖에 없다. 음악이나 연극, 그림 같은 다양한 방법으로 서툴더라도 자신의 이야기를 표현할 수 있는 기회를 주고 싶다.

마지막으로 예술 활동을 통해 세상과 소통하기를 바란

다. 예술 감상을 통해 아이들은 세상을 읽을 수 있고 예술 활동을 통해 자신의 이야기를 작품에 담을 수도 있다. 작품으로 나를 표현하는 자체만으로도 위로와 치유가 되고, 친구들과 작품 이야기를 나누며 서로를 이해하게 된다.

이러한 목표를 가지고 예술교육을 시작했지만 조금 걱정이 되었다. 많은 선생님이 걱정했던 것과 같이 내가 시도하려는 것이 예술인지 확신이 서지 않았다. 확신도 없는 것을 아이들에게 가르치는 게 의미 있는 일인가?

하지만 초등학교 4학년 때 내가 겪은 일을 떠올리자 그런 걱정은 이내 사라져버렸다.

초등학교 시절 나는 백일장 시 부문 대표로 뽑혀 수업이 끝나면 담당 선생님과 시 쓰기 연습을 했었다. 우리 아버지는 아동문학가다. 나는 집에 돌아와서 내가 쓴 시를 아버지에게 보여주며 오랜 시간 아버지와 이야기를 나눈 뒤 시를 고쳐 썼다. 어느 날 선생님이 내가 쓴 시를 읽고 한 말은 아직도 내 뇌리에 박혀있다.

"이건 시가 아니야."

훌륭한 시는 아니었을지 모른다. 그래도 작가인 아버지

와 함께 이야기를 나누고 솔직하게 쓴 시였다. 그런데 시가 아니라니! 한동안 내가 쓴 글이 시인지 아닌지 고민했다. 아버지가 작가인지 의심하기도 했다.

예술에 대한 벽을 넘어서기 위하여

예쁘고 아름답고 교훈을 담고 있는 시만 시란 말인가? 예술이 별거 있나, 표현하는 행위가 예술이지. 우리는 예술에 대한 벽을 많이 낮출 필요가 있다. 아니 이왕이면 그 벽을 없애버리는 건 어떨까?

높은 벽을 스스로 세워놓고 건너편이 보이지 않는다며 답답해한다. 그 벽은 사실 어른이 되면서 자신의 솔직한 마음이 민망해 숨기기 위한 수단이었다. 벽은 점점 더 높아만 가고 어느 순간 넘어설 수 없는 지경이 되었을 것이다. 시간이 갈수록 예술과 단절된 높은 벽은 넘어서기가 더 어려워질 것이다.

나는 아이들이 높은 벽에 가로막히지 않았으면 좋겠다.

마음껏 표현하고 자기 작품을 사랑하고 서로의 작품을 즐겼으면 좋겠다. 더 나아가 자기가 그린 그림을 애지중지 소중하게 보관하고 한참 후에 지난날을 회상할 수 있으면 좋겠다. 어른이 된 어느 여름, 어린 시절에 배웠던 노래를 흥얼거렸으면 좋겠다. 오늘 한 자 한 자 꾹꾹 눌러 쓴 글을 먼 훗날 펼쳐보며 조금은 어른스러워진 글씨체로 코멘트를 남기는 즐거움을 누리면 좋겠다.

"못 그린 그림은 없어."

미술시간이면 항상 아이들에게 하는 말이다. 누군가의 시선으로 또는 누구도 탓하지 않았는데 스스로 자신을 비하하지 않았으면 한다. 어떤 선이든 어떤 색이든 자신이 고르고 골라 한참을 꼼지락거리며 그림을 완성한 뒤 활짝 웃었으면 좋겠다.

그렇게 우리 아이들이 어른이 되어서도 거침없이 선을 그려내는 사람이 되면 좋겠다.

선생님, 오랜만이에요

서투르지만 행복했던
교사 1년 차 시절을 회상하며

대학을 졸업하고 스물네 살에 교사가 되었다. 처음 교실에 들어섰을 때 몇 년 동안 배운 교육학이 하나도 떠오르지 않았다. 마음의 준비가 덜 된 탓에 나는 교실에서 잘 웃지 않았고, 당연히 아이들과 즐겁지 못했다. 자주 화를 냈고 위태로웠다.

아슬아슬한 일 년이 끝날 즈음, 졸업식이 다가오면서 미안한 마음이 나를 덮쳤다. 내 모습은 어린 시절부터 꿈꿔왔던 선생님의 모습과는 전혀 달랐다. 그런 내가 뭐가 좋다고 아이들은 졸업식장에서 나를 붙잡고 눈물을 뚝뚝 떨어뜨렸다. 나는 그 모습에 마음이 아팠고 한편으로는 부끄러웠다.

첫 제자들을 그렇게 보냈다.

군 복무를 마치고 중학생이 된 아이들을 다시 만날 기회가 생겼다. 아이들은 나와 함께 보낸 시간을 즐겁게 회상했다. 자화상을 그렸을 때, 처음으로 마블링을 했을 때, 내가 기타연주를 하며 노래를 불렀을 때, 미술작품 앞에서 한참 동안 그림을 설명해줬을 때… 예전 기억을 하나하나 떠올리며 그날들을 기억해 냈다.

그때가 좋았다며 조잘조잘 이야기를 했다. 나도 그때를 떠올리며 먹먹해졌다. 다시 학교로 돌아가는 나에게, 나도 좋은 선생님이 될 수 있겠구나 싶어 위로가 되었다.

아이들과 나눈 대화가 많은 생각을 하게 해주었다. 좋은 선생님이 아니었다는 생각만 하고 있었는데 아이들은 나와 함께했던 시간을 여전히 행복했던 날로 기억하고 있었다.

용기가 났다. 새로 만난 아이들에게도 오랫동안 행복한 기억을 남겨주고 싶어졌다. 그래서 예술을 핑계 삼아 이것저것 수업을 계획하기 시작했다.

선생님이 우리 담임이에요?

너무 다른 우리,
특이한 게 아니라 특별한 거야

3월, 개학을 앞두고 담임이 아닌 척해보려고 열심히 궁리를 했다. 전교생이 40명도 안 되는 작은 학교이다 보니 우리 반이 될 아이들을 이미 잘 알고 있었고 수업도 1년간 지도했었다. (담임은 아니었지만 과학과 영어는 내가 가르쳤다.)

서류를 가져다주러 온 것처럼 한 손에 종이 뭉텅이를 들고 6학년 교실 문을 열었다.

"어? 이 반은 아직 담임선생님 안 오셨네?"

"거짓말치지 마요. 아빠가 선생님이 우리 반 담임이라고 이미 알려주셨어요!"

예림이는 똑 부러지게 말을 잘한다. 싫은 건 싫다, 좋은 건 좋다. 자신의 감정과 생각을 여과 없이 말했고 그런 솔직한 면이 보기 좋았다. 논리적으로 나를 설득하려 들기도 했고, 의견이 다르더라도 대화를 통해 타협하고 인정할 줄 아는 아이였다. 아무리 화가 나도 이성적으로 처신하려고 노력하는 모습을 자주 보여줬다.

"나, 너희 담임 아닌데!"

"아닌 척 그만하세요. 근데 우리 올해 축구 많이 해요?"

준이다. 우리 반이 5명밖에 안 되는데 어떻게 축구를 하겠다는 건지 모르겠지만 준이는 공을 찰 생각으로 부풀어 있다.

준이는 어느 학교에서나 볼 수 있는 축구 잘하는 아이. (나는 공을 찰 때 한 번도 이 아이의 공을 빼앗지 못했다.) 선생님과 아슬아슬하게 선을 타며 장난을 즐겼다. 아이는 모든 선생님을 좋아했고 선생님들도 준이를 좋아했다. 체육이 아닌 다른 수업 시간에는 '힘들어요, 모르겠어요, 하기 싫어요.'를 입에 달고 살았다. 하지만 머리는 좋은지 눈치껏 문제를 풀고 대답도 곧잘 했다.

지혁이는 학교생활에 적극적이지 않고 무기력한 모습도 보이는 어려운 친구였다. 집에 가서는 내 이야기도 자주 하고 내가 담임이라 좋다는 이야기를 몇 번 했던 걸 보면 나를 좋아했던 것 같다. 하지만 공부는 전혀 좋아하지 않았다. 다른 친구들보다 시간이 조금 더 필요했고 가끔은 그런 자신의 모습이 창피한지 수업 시간에 입을 꾹 닫아버리거나 포기하기 일쑤였다. 그런 지혁이와 더 많은 대화를 하기 위해 나는 점심시간에 핸드폰 게임을 함께하곤 했다.

윤빈이는 잔잔한 아이였다. 그날도 담임이 된 나를 보며 빙그레 웃을 뿐 별말은 하지 않았다. 친구들을 항상 배려했고 생각도 깊었다. 스스로 일을 찾아서 했고 나는 그런 윤빈이를 많이 의지했다. 가끔씩 윤빈이는 친구들을 배려하거나 친구들의 기분을 신경 쓰느라 손해를 보는 경우가 있었다. 자기 생각을 숨기는 모습을 보며 안타까운 마음이 들기도 했다.

정혜는 잘 웃는 아이였다. 실수도 많고 서툰 모습도 많이 보였지만 뭐든 재미있어했고 호기심도 많았다. '좋아해', '사랑해', '고마워'라는 말을 부끄러움 없이 자주 했다. 나는 낯간지러운 말은 잘 못 하는 탓에 '선생님도 사랑해.'라고 대꾸를 못 해 미안한 마음이 들 때가 있었다.

"아, 재미없다! 6학년이나 되어 가지고 속아주는 척도 못 하냐? 기분 나빠졌으니까 공부할 거야. 국어책 펴라."

"선생님! 우리 반 담임선생님 누구예요? 왜 아직도 안 와요!!!"

능글맞은 준이 때문에 우리는 다시 상황극을 시작했다.

우리 반 아이들 한 명 한 명의 색깔은 정말 달라도 너무 달랐다. 모아놓고 봐도 우리 반은 정형화된 6학년의 모습이 아니었다. 하지만 별나고 이상하다는 생각은 하지 않았다.

나에게는 특별한 아이들

시각이나 청각을 통해 정보를 수집하고 지식을 이해하기보다는 몸으로 직접 체험하고 나서야 배우는 시골 아이들이었다. 직접 경험하면서 배우는 게 나름의 장점도 있지만 고학년 과목들은 그렇게 호락호락하진 않다. 많은 양의 지식을 배우려면 시간이 부족해서 직접 모든 것을 몸으로 배울 수는 없었다. 그런 탓인지 설문지를 통해 조사한 결과 다섯 명 모두 자신감이 부족했으며 그중 두 명은 학교 수업 자체에 어려움을 느껴 흥미도가 바닥을 치고 있는 상황이었다.

그렇지만 한 명 한 명이 나에게 소중하게 다가왔다. 아직 채도가 낮은 아이들의 바탕색을 내 색깔로 채워 나가고 싶지 않았다. 내 색이 아이들에게 물들까 봐 걱정스러웠다. 어떻게 아이들의 본바탕 색을 더 선명하게, 진하게 만들어 줄 수 있을까 고민이 많았다.

나에게는 특별한 아이들, 아이들에게 나도 특별한 선생님이 되고 싶었다. 그런 마음으로 1년이 시작되었다.

PS. 2학기가 시작되면서 우리 반이 된 전학생 진. 서서 마주 보면 나랑 눈높이가 별로 차이 나지 않았다. 혹시나 말썽꾼이면 어쩌지, 걱정했다. 그런데 그 커다란 아이는 순둥순둥하고, 친구들 안아주는 걸 좋아하고, 친구들의 잘못을 자기 탓으로 돌리는 아이였다. 지금 이 글을 쓰는 순간에도 진이가 나를 보면서 씩 웃는 모습이 아른거린다.

아침에 책 읽기 싫어요

클래식 들을까?

발레 볼까?

누구는 클래식의 선율을 좋아했고

또 누군가는 아름다운 몸짓을 좋아했다.

그래서 항상 아이들에게 책을 읽으라고 할 수는 없었다.

"다른 반 아이들은 열심히 책도 읽고 초롱초롱한데 너네는 왜 이렇게 맥없이 엎드려 있냐?"

"아휴, 책이 재미없는데 어떻게 읽어요~"

준이가 엎드려 눈도 뜨지 않은 채 말했다. 수학 서술형 문제의 세 줄도 읽기 힘겨워하는 아이들에게 책을 읽으라고 한 내 잘못이다.

사실 나도 책을 잘 읽지 않는다. 책 읽을 시간이 없다고 변명한다. 큰맘 먹고 책을 몇 권 구매하면 어느 순간 인테리어 소품이 되어 있곤 한다. 그런 내가 아이들에게 책을 읽으라고 지시할 수는 없었다. 가만 보면 옆 반 선생님은 아침에 자리에 앉아 아이들과 함께 책을 읽는 것 같다. (정말 아이들은 어른을 보고 배운다.) 나도 어릴 때는 책을 많이 읽었다. 하지만 다 지나간 과거의 일이다. 핸드폰이 없던 어린 시절, 나에게는 선택의 여지가 없었을 뿐이다.

그래도 얼마나 다행인가. 요즘은 책이 아니더라도 볼거리가 많다.

아침이면 나는 유튜브를 켰다. 아이들 눈이 반짝반짝 빛났다. 이놈의 유튜브 세대들.

"쌤, 축구 영상 틀어줘요!"

나는 준이가 하는 말을 들은 척도 안 하고 오케스트라 영상을 틀었다. 그래도 나름 아이들을 배려해서 택한 곡이 유명 애니메이션의 OST였다.

아이들은 오케스트라 악기에 대해 몰랐다. 아예 접해 본 적이 없다고 말해서 충격을 받았다.

"쌤, 원래 저렇게 악기가 많아요?"

다른 아이들은 재미없다고 칭얼거리는데 준이가 화면을 뚫어져라 쳐다보며 말했다.

"오케스트라니까."

"아…"

준이는 미간을 찌푸리기도 하고 손가락을 까닥까닥하기도 했다. 클로즈업될 때는 악기에 대해 물어보기도 했다. 지금까지 보지 못했던 준이의 다른 색을 발견하는 순간이었다.

영상이 끝나고 나서 준이는 내 옆으로 왔다.

"선생님, 아까 큰 악기가 뭐예요?"

"어떤 악기?"

"그 바이올린처럼 생긴 거요."

"콘트라베이스야."

"그럼 콘트라베이스보다 좀 작은 악기는요?"

"첼로지! 바이올린도 그렇지만 첼로나 콘트라베이스처럼 줄로 연주하는 악기는 다 현악기라고 해."

"선생님, 저는 현악기를 좋아하는 것 같아요."

괜히 미안했다. 왜 준이를 축구만 좋아하고 다른 데는 관심도 없는 아이라고 색안경을 쓰고 바라보았을까? 악기와 음악을 좋아하는 준이를 위해 나는 교실 뒤편에 기타와 우쿨렐레, 바이올린을 두었다.

나는 준이에게 우쿨렐레를 가르쳐주었고 준이는 나에게 방과 후 수업에서 배운 바이올린을 가르쳐주었다. 1년이 끝날 때쯤 나는 바이올린으로 〈작은별〉을 연주할 수 있었고 준이는 우쿨렐레로 〈나는 나비〉를 배워 열심히 부르고 다녔다.

매일 오케스트라 소리만 들리면 결국, 재미없는 건 똑같다. 교과서를 열심히 뒤적거린 끝에 발레를 찾아냈다. 아이들은 텔레비전에서 아이돌이 추는 춤은 자주 봤지만 발레는 본 적이 없다고 했다. 그렇다면 일단 봐야지! (사실 발레를 처음부터 끝까지 본 어른도 손에 꼽히지 않을까?)

"……"

재미없는지 아이들은 아무 말도 하지 않았다. 아무리 봐도 집중하는 모습은 아니었다. 무표정한 아이들. 좋은 콘텐츠를 찾기란 정말 어렵구나. 발레는 함께 봤다는 것에 의미

를 두기로 했다.

일주일쯤 지난 어느 날, 정혜가 강당에서 혼자 까치발을 들고 손을 머리 위로 동그랗게 모았다가 양옆으로 내리는 모습을 보았다. 그 모습을 보며 나 혼자 웃었던 것은 비밀이다.

요즘 아이들은 책을 읽지 않는다. 매스컴에서는 전교 1등의 비결이 다독이라는 이야기도 나오고 책을 읽으면 창의력, 사고력, 집중력이 높아진다고도 한다. 나도 책 읽기

가 중요하다고 생각한다. 선생님과 부모님들은 아이들한테 책을 읽으라는 말을 수백 번도 더 한다.

통계를 살펴보면 1년 동안 초등학생이 읽은 책은 80권이 넘어가고 성인이 읽은 책은 고작 7권, 10명 중 4명은 한 권도 읽지 않는다고 한다.

특히 아이들은 활자보다 영상에 더 익숙하다. 현실이 이러하니 핸드폰을 내려놓고 책을 읽으라는 말만 되풀이하고 있을 수는 없는 노릇이다.

어른들은 아이들에게서 핸드폰을 뺏으려 들 게 아니라 핸드폰을 더 열심히 봐야 마땅하다. 넘쳐나는 영상 중에 간접적으로라도 예술을 만날 수 있도록 좋은 콘텐츠를 고르는 능력을 키워야 한다. 그래야 더 좋은 콘텐츠를 아이들에게 소개할 수 있다. (물론 매번 찾아주기만 하는 것이 아니라 스스로 올바른 콘텐츠를 찾아가는 과정을 알려주는 것도 소중하다.)

영상은 힘이 세다. 준이처럼 악기에 대한 숨어있던 관심을, 정혜처럼 마음을 흔들어 놓은 작은 몸짓을 찾는 기회가 될 수 있다. 영상 속 새로운 예술 세계는 동경의 대상이 되고 아이의 삶을 송두리째 바꿔놓을지도 모른다.

나중에 어른이 되고 나서 어느 날 문득 그날의 영상이 떠올라 예술의 길로 들어서는 동기가 될 수도 있다. 어린 시절에 경험한 것은 나중에라도 힘을 발휘한다. 마치 어린 시절 가지나물을 잔반통에 몰래 버리던 때를 생각하며 지금은 맛있게 가지나물을 먹고, 초등학교 수학여행 때는 지루했던 제주도 풍경을 회상하다가 제주도에 가고 싶은 것처럼 말이다.

우리 이번 주 토요일에 놀러가요?

미술은 미술관에서,
영화는 영화관에서

"주말에 영화 볼까?"

"네에? 우리 주말에 놀러갈 수 있어요?"

"가면 가는 거지. 안내장 줄 테니까 집에 가서 동의서 받아 오고 같이 갈 친구들 몇 명 더 찾아봐."

예림이가 잔뜩 신이 났다. 바닷가에 있는 시골 학교는 낭만적으로 보일지도 모른다. 하지만 열세 살 아이들에게는 그다지 낭만적인 공간이 아닐 것이다. 버스도 몇 대 없어서 어른의 도움 없이는 읍에도 가기 힘든 아이들. 당연히 문화 경험도 도시 아이들에 비해서 적다.

아이들을 데리고 밖에 나간다는 건 사실 귀찮은 일이다. 계획서를 올리고 마땅한 교통수단이 없으니 교사의 차에 태워서 가야 한다. 당연히 보험 가입도 해야 한다. 지금 생각해도 그 귀찮은 일들을 감수하고 몇 번이나 아이들을 태우고 도시로 나갔던 나를 칭찬한다.

영화 그리고 미술관

"선생님, 햄버거도 먹고 문구점도 가요!"

예림이는 신나서 떠들었다. 〈생일〉이란 영화를 예매했기에 차에서 영화 배경에 대해 이러저러한 이야기도 들려주고 아이들 생각도 듣고 싶었다. 하지만 그런 건 아이들에게 애당초 관심 밖의 일이었다. 내가 욕심이 많았다.

"우와! 건물이 엄청 높아!"

"아침인데 차가 진짜 많아!"

거짓말 같겠지만 아이들은 처음도 아닌 도시 풍경에 감탄하고 즐거워했다. 팝콘을 주문하는 순간도 행복해했다.

영화관의 전동 의자는 처음 본다며 한참 동안 스위치를 누르고 누웠다 앉았다를 반복했다. 이런 아이들을 데리고 폼나게 예술에 대해 이야기를 나누려 했다니, 마음이 복잡했다.

의외로 아이들은 영화에 집중했다. 평소에 학교에서 영화를 보면 화장실도 들락날락하고 시선이 화면이 아닌 다른 곳으로 분산되고 자기들끼리 수다를 떨던 아이들이었다. 영화 내용이 좀 무거워서였을까? 아니면 영화관이라서 그랬던 걸까? 영화가 끝나고, 달라진 아이들의 모습에 내가 못 견디고 말을 걸었다.

"영화 재미있었어?"

"이 영화는 재미있다고 말하는 게 아니에요."

"그럼?"

"생각 좀 해볼게요."

윤빈이는 말을 아꼈다. 한참 동안 단어를 고르는 듯이 보였다. 하지만 결국 마땅한 단어를 찾지 못했다. 확실히 재미가 있는 영화는 아니었다. 전체관람가이긴 했지만 가볍게 볼 영화도 아니었다. 어린아이가 다 받아들이기에는 벅찬 영화였을 것이다.

윤빈이가 단어를 고르기 전에 미술관에 도착했다. 함께 온 4학년들은 미술관이 처음이라고 했다. 6학년들은 한두 번 미술관에 와본 기억이 있지만 별로 좋은 기억은 없었던지 표정이 떨떠름했다.

"해설해주시는 선생님 있는데, 설명 들으면서 볼까?"

"아니요, 진짜 싫어요. 진짜!"

예림이는 예전 체험학습 때 도슨트와 함께 관람했던 경험을 나에게 조잘조잘 일러바쳤다. 도슨트의 해설은 무슨 말인지도 모르겠고, 단어도 어렵고, 무슨 그림을 설명하는지도 알 수 없었다고 말했다.

"지루해 죽을 뻔했어요."

미술관에 왔으면 도슨트의 설명을 들어야 의미 있다고 생각하기 쉽다. 당연히 입구에서 출구까지 달려가는 것보다야 의미가 있겠지만 아이들에게는 힘든 시간인 경우가 많다. 그 힘든 시간이 미술관 관람에 좋은 기억을 남기리라 기대하기는 어렵다.

많은 도슨트와 문화해설사를 만났는데, 사실 말투나 어미만 아이들 수준에 맞추는 정도였다. 어휘 수준이라든가 내용의 깊이는 성인을 대상으로 할 때와 다르지 않았다. 1학년은 1학년 수준에 맞는 감상 방법이, 6학년은 6학년 수준에 맞는 감상 방법이 있다. 처음에는 깊이가 중요한 게 아니다. 흥미가 생겨야 온전한 감상이 가능하다.

미술에 대해 잘 몰라도 되니 작품 앞에 나란히 서서 아이들과 대화를 하는 게 좋다고 생각한다. 알아서 감상하라고 하는 것도, 멀리서 뒷짐 지고 지켜보는 것도 교사로서 무책임한 행동인 것 같다.

애초에 아이들의 목적은 입구에서 출구까지 단시간에 주파하는 것이었다. 짧은 다리를 한껏 뻗어 성큼성큼 걸어가는 걸 몇 번이고 붙잡았다.

"이 그림은 봤어?"

"아, 봤어요. 별로예요."

내가 볼 때는 정말 마음에 드는 그림인데, 뭐가 마음에 안 든다는 건지.

"봐요! 하늘이 녹색이잖아요. 나는 녹색 하늘은 별로예

요. 으, 파 색이야."

"나도 파 싫어."

"그럼 빨간색이면 파프리카 맛 하늘이야?"

"야, 수박도 있잖아. 수박은 맛있어!"

아이들은 그림을 음식으로 환치시켰다. 나는 아이들 곁에서 꽁트 같은 감상평을 들으며 혼자 피식피식 웃기도 하고 한마디씩 거들기도 했다. 처음에는 색에 집중하더니, 재미가 없어졌는지 점점 범위를 넓혀갔다. 미술의 재료를 궁금해하기도 하고, 추상화를 보면서 뭘 그린 건지 서로 문제를 내기도 했다. 나도 뭘 그린 건지 모르겠는데 나에게 질문의 화살이 날아올 때가 있었다. 나는 한참 동안 그림 앞에서 아이들과 답이 없는 스무고개를 하기도 했다.

학교로 돌아오는 길, 아이들은 피곤했는지 두 시간이 넘는 시간 동안 깨지 않고 잤다. 한 명씩 집에 내려주었다. 마지막에 내리는 아이가 인사를 하며 한마디했다.

"쌤, 다음번에 또 갈 거죠?"

윤빈이였다. 그 말에 내 기분이 좋아졌다.

뮤지컬영화 그리고 미술관

지혁이와 동생은 가방에 감자칩과 음료수 그리고 초콜릿 같은 간식을 잔뜩 넣어 왔다. 그러고도 간식을 더 사려고 만 원을 가져왔다고 해맑게 웃었다. 영화나 미술관 같은 건 안중에도 없었다. 예림이, 윤빈이와 함께한 경험이 있는 나에게는 이미 준비된 시작이었다.

평소에는 조용조용하지만 유독 음악 시간에는 몸이 내쪽으로 향해있는 지혁이를 위해 고른 영화는 〈알라딘〉이었다. 물론 콘서트나 연주회, 아니면 진짜 뮤지컬을 봤으면 더욱 좋았겠지만 예매하기가 힘들어 선택한 나름의 대안이었다.

영화가 끝나고 재미있었냐고 물었다. 아이들은 고개를 끄덕이며 재미있었다는 말만 했다. 더 물어보고 싶었지만 표정을 보아하니 귀찮음이 가득해서 그 정도에 만족하기로 했다. (나중에야 알게 되었지만, 재미있냐고 묻는 것은 썩 좋은 질문이 아니다. 한 권의 책이나 한 편의 영화를 한 문단으로 정리하는 일은 어른에게도 벅차다. '재미있었니?'라는 질문 대신에 구체적인

장면을 물어보거나, 인물에 대해 물어보거나, 대사 하나에 집중해서
묻다 보면 대화의 폭이 점점 넓어진다.)

　미술관에 입장했다. 전에 미술관에 갔을 때와는 사뭇 다
른 느낌이었다. 지루해할 줄 알았는데 아이들은 나보다 더
천천히 걸었다. 작은 작품 앞에 서면 한 발자국 앞으로 다
가섰고 큰 작품에서는 한 발자국 뒤로 물러났다. 침묵을 깨
며 지혁이가 나에게 물었다.

　"이 그림은 뭐로 그렸어요?"

　"유화물감으로 그렸지."

　"나도 이런 그림 그릴 수 있어요? 이렇게 두껍고 울퉁불
퉁하게요."

　"교실에 아크릴 물감 있으니 그걸로 다음에 그려보자."

　커다란 유화 작품 앞에서 한참을 서 있었다. 3미터 정도
되는 큰 작품을 자기 가슴에 다 넣으려는 듯이 위에서부터
아래로, 오른편에서 왼편으로 아이의 눈은 천천히 움직였
다. 왜 마음에 드는지 물어봤지만 명확한 대답은 듣지 못했

다. "그냥요."라는 지혁이의 말에 더 묻지 않고 고개를 끄덕여주었다. 미술을 배우고, 더 많은 단어를 배우고, 자신의 감정을 잘 읽을 수 있을 때, 어린 시절에 보았던 큰 작품이 왜 마음에 들었는지 문득 떠오르길 바란다.

집으로 돌아가는 차 안에서 지혁이는 영화 삽입곡을 흥얼거렸다. '영화 좋았냐'고 묻고 싶은 마음을 누르고 나도 따라서 흥얼거렸다.

난생처음 연극 관람

정혜와 예림이 그리고 윤빈이를 데리고 연극을 보러 가는 길이었다. 덥고 습한 날씨 때문이었을까? 친구들과 처음으로 나갈 수 있어 신이 난 정혜와는 달리 예림이는 어쩐지 기분이 안 좋아 보였다.

극장에 들어가 자리에 앉았을 때 본인들보다 한참 어린 동생들이 가득한 걸 보고는 당황스러움과 짜증을 가득 담아 말했다.

"선생님, 이게 뭐예요? 애기들만 많고! 우리 이거 안 보면 안 돼요?"

내가 보고 싶다고 우기기도 하고, 끝나면 떡볶이 사준다고 달래가며 겨우겨우 연극을 감상할 수 있었다. 어린이 대상 연극이 그렇듯 밝고 활기찬 분위기였다. 관객들과 소통도 많았다. 평소 자기표현에 숨김이 없던 정혜는 신나게 웃고 배우와 하이파이브를 하기도 했다. 하지만 다른 두 아이는 입꼬리를 씰룩씰룩하다가도 나랑 눈이 마주치면 입꼬리를 내렸고, 손가락을 까닥까닥하다가도 배우가 가까이 오면 고개를 돌렸다. 참 솔직하지 못한 초등학생들이다.

PS. 예림이는 그렇게 무관심한 척했으면서 나중에 연극을 배울 때 친구들에게 이렇게 말했다.

"대사는 그렇게 하는 게 아니야. 내가 보고 왔는데 마이크가 없어도 모두가 들을 수 있게 힘주고 해야 돼!"

그 모습을 보니 그래도 연극을 보고 오길 잘했다는 생각이 들었다.

실제 경험은 중요하다.

미술작품을 책으로 보면 지루하고 공부처럼 다가올 수 있다. 작은 화면으로 영화를 보면 화면 밖의 다른 일들이 계속 방해해서 스토리만 겨우겨우 알아가는 정도에 그친다. 연극을 동영상으로 보면 배우에게 집중하지 못할 가능성이 크다. 큰 무대 위에 서 있는 조그마한 사람만 보는 꼴이라 제대로 연극을 감상할 수가 없다.

미술 교과서 속에 작게 나오는 그림을 실제로 보았을 때 느끼는 벅찬 감동을 아이들에게도 알려주고 싶었다. 큰 스크린을 통해 영화가 안내하는 세상 속으로 들어가는 경험도, 배우의 숨소리가 가슴까지 파고드는 연극 무대의 느낌도 알려주고 싶었다.

물론 아이들을 데리고 문화예술을 즐기기란 쉬운 일은 아니다. 사람마다 감동받는 지점이 다르고 아이와 어른이 느끼는 감성의 거리는 더 멀다. 그럼에도 불구하고 꼭 아이들을 데리고 나갔으면 한다. 선생님들뿐만 아니라 모든 어른에게 하고 싶은 말이다.

각각의 예술 장르는 그 자체로 현장에서 경험했을 때 내 마음에 더 크게 다가온다. 모두가 그렇게 생각하면서도 행동으로 옮기지는 않는다. 직접적인 예술 경험보다는 간접적으로 접하는 경우가 더 많아서 그럴지도 모른다. 하지만 어른과 아이는 다르다. 어른은 이미 지식과 경험을 통해 음악을 글로 읽더라도 대충 짐작해볼 수 있는 능력이 있지만 아이들은 그런 경험과 능력이 없다.

경험하지 못한 감동은 경험하기 전까지는 미지의 영역이다. 어릴 때 먹지 않았던 음식은 커서도 잘 먹지 않는다. 마찬가지로 어릴 때 경험하지 못한 감동은 어른이 되어서도 쉽게 다가오지 않을 것이다. 물론 예외는 있을 것이다.

아이들을 데리고 나가서 깊이 있는 이야기를 나누면 좋겠지만, 그게 벅차다면 아이들이 각자 천천히 느껴볼 수 있

는 시간을 주자. 아이들이 싫어할 것이라고 미리 짐작하지
는 말자. 두 번 세 번 나가도 아이가 흥미를 보이지 않으면
그때 다른 경험의 기회를 주면 될 일이다.

영화 볼 때 멈추지 말아요

이 장면에서
무슨 생각하고 있는지 궁금해

영화가 슬금슬금 교실 수업 깊숙이 자리 잡아가고 있다. 국어 시간에 한 단원으로 배우기도 하고 사회 시간에 자료로 사용되기도 한다. 음악 시간과 미술 시간에도 영화를 동원한다. 영화는 어디에 써도 손색없는 한 권의 예술 책이다.

아직까지 우리 아이들과 몇몇 어른들은 영화 보는 것을 수업이 아닌 노는 시간으로 받아들이기도 하지만, 그건 뭐 선생님의 역량이니까!

도시 아이들이야 수업이 끝나면 걸어서 집에 가면 될 일이지만 우리 아이들은 통학차가 오기 전까지 교실에서 벗어날 수 없다. 오전 내내 자리에 앉아 수업을 한 날에는 어김없이 나를 붙잡고 조르곤 한다.

"선생님, 우리 오늘 영화 보면 안 돼요?"

나는 잠시 자리에 앉아 고민을 한다. 볼까 말까에 대한 고민은 아니다. 아이들과 함께 보고 싶은 영화 목록은 대충 정해놨다. 오늘 아이들의 기분을 살피거나 최근에 아이들과 공부한 내용을 되짚어보며 관련성 있는 영화를 고르는 중이다.

아이들이 보고 싶어 하는 애니메이션이나 재미있다고 소문난 영화들은 우리 반에서 잘 상영되지 않는다. (물론 종종 문학작품을 원작으로 한 애니메이션은 보여주기도 한다.) 나이 든 노승과 아이의 삶을 담은 다큐멘터리, 농사를 배우기 위해 세계로 여행을 떠나는 청년의 이야기, 음악을 처음 배우는 아이들이 부모와 함께 공연을 준비하는 이야기 등을 보여주었다.

처음 다큐영화를 볼 때 아이들이 느낀 당혹감이 그대로 나에게 전해졌다. 사실 다큐영화는 흔히 접할 수 있는 장르도 아니고 아이들이 재미있어 하기엔 조금 무리가 있을 수도 있다.

아이들이 다른 영화를 보자고 칭얼거릴 때면 "그럼 우리 재미있는 수학 수업할까?"라고 말한다. 수학에게는 미안하지만, 그 말 한마디면 아이들은 방긋 웃으며 그냥 영화 보자고 말한다.

나는 아이들과 영화를 볼 때면 말이 많은 편이다.

"방금 저 아저씨가 한 말이 무슨 말인지 정확하게 알겠어?"라던가 "왜 저런 대사를 했냐면 저 당시에⋯." 이렇게 중간중간 끼어든다. 그러면 아이들은 조용히 좀 하라던가 자기들도 알고 있다며 짜증을 내기도 한다. 하지만 대부분은 내가 설명을 해줄 때 영화에 대한 이해도가 높아진다. 그런 방식으로 영화를 보는 데 익숙해진 아이들은 영화를 보다가 이해할 수 없는 어려운 대사가 나오거나 맥락이 잘 파악되지 않을 때면 나를 부르곤 한다.

그러니까 내 영화 수업의 하이라이트는 대화가 아니라 영화 '일시정지'에 있다.

"자! 여기서 잠깐!"

아이들이 한창 집중하고 있을 때 나는 영화를 멈춘다. 아이들의 집중도가 최고로 올라갔을 때 다양한 이야기가 쏟아져 나온다. 물론 원망과 원성, 짜증으로 시작하지만 잠깐만 견디면 된다.

"다음에 어떻게 될 거 같아?"

나는 이 한 문장만 던져주면 된다. 아이들은 나름대로 그럴듯한 이야기를 만들어낸다. 어른들 눈에는 뻔한 스토리일지 몰라도 아이들은 각자 다른 그림을 그린다. 어떤 아이는 내가 놓친 인물을 끄집어내서 다시 영화 안으로 들여놓기도 하고, 어떤 아이는 본인이 영화 속 등장인물이 되어 이야기하기도 한다. 준이나 예림이는 "선생님은 어떻게 될 거 같아요?"라며 나에게 되묻기도 한다. 그럴 때가 아니면 나는 가만히 이야기를 듣는다.

우리는 한참 이야기를 나누다가 다시 영화를 보고 또 영화를 멈추고 대화하다가 다시 영화를 본다. 그러면서 나는 아이들의 이야기를 수집한다.

영화가 끝나고 나서 이야기를 나눌 때면 아이들은 영화

속의 누군가가 되어 그들처럼 기뻐하거나 슬퍼하거나 분노한다.

PS. 영화 〈옥자〉를 보고 나서 아이들은 꽤나 큰 충격에 빠졌다. 하필 그날의 급식 메뉴는 돈가스였다. 윤빈이는 돈가스를 식판에 담기를 거부했고 지혁이는 돼지에게 미안한 마음과 애도의 마음을 담아 맛있게 먹었다.

나는 입 안 가득 돈가스를 넣으며 장난을 쳤다.

"이 돈가스도 누군가의 가족 같았던 돼지였을지 모르지만, 맛은 좋다."

윤빈이와 예림이에게 사람이 어쩌면 그렇게 잔인하냐며 한참 동안 시달려야 했다.

선생님, 오늘은 뭐 하고 놀아요?

영화를 조용히 보는 데 익숙한 어른들, 함께 영화를 보고 나서 서로의 느낌조차 나누지 못하는 어른들이 많다. 안타까운 일이다. 물론 2시간 즐겁게 보고 나서 딱히 이야기할 게 없는 킬링타임용 영화도 의미는 있다. 하지만 아이들과 예술이란 타이틀을 걸어놓고 영화에 접근했을 때는 이야기를 나눠야 한다고 생각한다. 온전히 영화를 음미하고 느끼고 생각한 것을 함께 나누고, 가슴 한구석에 몇 문장이라도 적어놔야 영화 한 편을 온전히 봤다고 할 수 있지 않을까.

가만 생각해보면 그런 과정은 연습이 필요하다. 어른도 어려워하는 과정을 아이가 손쉽게 정리해낼 리 없다. 그래서 나는 영화를 멈춘다. 집중을 방해하는 게 아니라 다시 한 번 생각하게 하고 준비운동 할 시간을 주는 것이다. 아이들은 준비운동이 끝나면 영화 속으로 다이빙한다. 영화는 기다려주지 않고 흘러간다.

처음 보는 세계에서 아이들은 고민할 틈이 없다. 나는 그 틈을 만들어주기 위해 영화를 붙잡는다. 그 틈을 비집고 아이들은 세상 구경을 한다.

우리에게도 세상이 익숙하지 않았던 시절이 있었음을 생각하며 아이들에게 생각의 틈을 만들어주면 좋겠다.

선생님, 오늘은 뭐 하고 놀아요?

오늘은 나가서 수업해요

국어 시 단원,
바다로 나가볼까?

 6학년이 되면 국어 시간에 시의 은유를 배운다. 교과서에 수록된 시만으로도 은유를 배울 수는 있겠지만, 교과서를 펼쳐 아이들에게 은유를 가르치는 건 재미가 없을 것 같았다. 그저 〈'~는 ~다.'는 은유다〉를 공책에 적어 놓고 외우는 은유가 무슨 재미가 있겠는가.

 시 단원이 시작되기 며칠 전부터 동시집을 뒤적인 끝에 짧은 시 하나를 골랐다. 국어 수업 시간, 아이들을 데리고 학교 앞 바닷가로 나갔다.

 일단 교실 밖으로 나간 것만으로 수업 만족도가 최고로

오른 아이들과 함께 바다와 모래사장의 경계로 향했다. 엄지발가락 앞까지 바닷물이 넘실거렸다.

"모두 눈 감아볼까?"

"선생님, 이러다 신발 다 젖으면 어떡해요!"

"괜찮아."

"아, 진짜 만날 괜찮데!"

예림이의 투덜거림을 마지막으로 아이들은 눈을 감았다. 처음에는 키득키득 꼼지락거리며 실눈을 뜨고 두리번거리기도 했다. 아이들의 소란스러움이 가라앉자 그 공간을 파도 소리가 가득 채웠다.

한참 동안 감고 있던 눈을 뜨고 아이들과 눈을 마주쳤다. 바다를 바라보고 서있는 아이들 눈에 바다가 비쳤다. 우리는 씨익 웃었다. 그 모습을 보고 있으니 따로 설명할 게 없을 것 같아 바로 아이들에게 소라를 찾아오라고 소리쳤다. 아이들은 밝게 웃으며 사방으로 흩어졌다.

나는 평상에 앉아 아이들의 움직임을 응시하며 풍경을 마음에 그리고 있었다. 윤빈이는 묵묵히 바다를 돌아다니며 소라를 하나둘 주웠다. 준이는 아직 소라를 못 찾은 아이들 눈앞에다 소라를 흔들어대며 놀렸다. 그러다 소라 찾기는 잊은 듯이 술래잡기를 하기도 했고 소라를 찾겠다며 모래사장을 파다 큰 우물을 만들기도 했다. 그러던 중 지혁이가 나를 바라보며 손짓을 했다. 내가 지혁이한테 갔을 때 다른 아이들도 하던 일을 멈추고 지혁이의 두 손을 뚫어져라 쳐다봤다.

"안에 뭐가 있어요."

소라 속에는 게 비슷한 것이 자리를 잡고 있었다. 집게로 보이는 무언가가 나왔다가 들어가기를 반복하자 지혁이는 불안함을 감추지 못했다.

"다시 놔줄까?"

"저는 이 소라 하나밖에 못 찾았는데…."

소라 여러 개를 찾은 준이가 하나를 건네고 나서야 빈 소라껍데기를 하나씩 들고서 평상으로 모일 수 있었다. 아이들은 소라를 귀에 대보며 파도 소리가 들리네 안 들리네, 왁자지껄 떠들어 댔다.

"아무 소리도 안 나!"

"무슨 소리가 나는데! 네가 시끄럽게 하니까 못 듣는 거지."

"안에 또 게 있는 거 아니야? 부스럭부스럭 무슨 소리가 나는 거 같아."

"원래 소라를 귀에 대면 파도 소리가 난다고 했어!"

"파도 소리 아닌데?"

"나는 파도 소리 맞는 것 같은데."

아이들은 신기한지 서로의 소라를 바꿔가며 귀에 대보기도 했다. 별것도 아닌 일로 심각한 대화를 나누는 모습을 보고 있자니 웃음이 터져 나왔다. 이야깃거리가 떨어졌을 때쯤 모두 작은 바다를 하나씩 귀에 댄 채 각자의 바다에 집중했다.

수업이 끝나갈 무렵 아이들에게 시 한 편을 읽어줬다. 프랑스 시인 장 콕토의 시이다.

귀

내 귀는 소라껍질
바닷소리를 그리워한다.

교실로 들어가는 길, 아이들은 왜 바닷소리를 그리워하는지 궁금해했고 귀가 소라와 닮았는지 안 닮았는지 서로의 귀를 관찰했다.

언젠가 아이들을 다시 만난다면 꼭 묻고 싶다.

"그날 우리가 들었던 파도 소리 기억나니?"

PS. 진이가 전학 왔을 때의 일이다.

내가 출장을 간 사이에 남자아이들이 방과 후 시간에 땡땡이를 쳤다고 교감 선생님께 전해 들었다. 올해 우리 학교 첫 땡땡이. 초등학교 6학년 점심시간 때 집으로 자주 도망을 갔던 나는 기분이 묘해졌다.

"애들이 담임 닮았네."

교감 선생님은 어이가 없다며 농담을 던지셨다.

분명 혼내야 하는데 마음 한편으로는 웃기기도 하고 애들이 큰 결심을 하고 나갔겠지 하는 생각도 들었다. 나는 화난 표정을 지었다. 아이들에게 주려고 읍에서 바리바리 사 온 간식을 다른 학년 아이들에게 하나둘씩 나눠주었다. 그러면서 아이들 표정을 관찰하는 것도 재밌었다.

아이들은 PPT로 반성문을 만들어 제출했다. 진이는 애들의 꼬임에 넘어갔을 게 뻔한데도 자기가 주동자라며 손을 들기도 했다. 결국 나는 참지 못하고 아이들 손에 초콜릿을 하나씩 쥐어 주었다.

"땡땡이치고 뭐 했냐?"

"바다에 앉아서 아이스크림 먹었어요. 진이한테 바다를 보여주고 싶었어요."

얼마나 낭만적인 땡땡이인가. 바다를 보여주고 싶다는 마음은 내가 아이들에게 심어놓은 바다에 대한 그리움일지도 모른다. 그렇기에 그날 일은 두 번 다시 언급하지 않았다.

덧붙이는 말

　모든 문학작품을 분석적으로 가르친다는 것은 아이에게
도 선생님에게도 작가에게도 불행한 일이다. 물론 문학 수
업에서 강의식으로 가르치는 방식이 더 간편한 경우도 있
다. 시에서 은유, 동화의 흐름을 파악하는 방법, 극에서 지
문·대사·해설의 구분 방법 같은 것은 칠판에 적어 익히게
하는 게 훨씬 편하다. 진정한 문학을 가르치겠다고 위와 같
은 학습 내용을 배움의 가장자리로 밀어낼 수도 없다.

　하지만 최대한 자연스럽게 아이들의 머리가 아닌 가슴에
문학작품이 남도록 은근슬쩍 가져다 놓을 필요도 있다고
생각했다. 배경지식이 없는 아이들에게는 아름다운 배경지
식을 만들어주자. 내가 소라를 본 적이 없는데 소라가 어쩌
구저쩌구 하는 시는 그냥 은유를 배우기 위한 수단에 불과
할 것이다.

배경지식을 만들어줬다면 낭만적인 공간이나 가슴이 몽글몽글해지는 순간에 문학작품을 접하게 해주자. 바다를 직접 보여주기까지는 어려워도 눈을 감게 하고 파도 소리를 들어준다던가 잔잔한 노래라도 틀어주면 좋지 않을까.

쉬는 시간 십 분 동안 열정적으로 뛰고 놀았던 공간에서 바로 문학작품을 가슴에 꽂아 넣기란 힘든 일이다. 그래서 나는 가끔 국어 시간 한참 전부터 분위기를 잡고는 이런 대사를 날린다. "오늘은 하늘이 너무 맑아. 여름인가 봐." "너희를 보고 있으면 우리가 심은 방울토마토 새싹 같아." 이처럼 평소에는 낯간지러워서 하지 못하는 말을 하면 아이들은 처음에는 괴로워하다가 이내 익숙해진다. 감정이 부드러워질 때쯤 아이들은 문학작품을 조금 더 문학작품답게 받아들인다(순전히 내 경험이긴 하지만).

선생님이 먼저 작품을 찾아서 읽어보면 좋겠다. 교과서 속 문학작품은 온 작품이 아니라 일부만 편집되어 있거나, 문학에 대한 지식을 주입하기 위해 최적화되어 있는 글을 발췌한 내용이다. 아이들에게 교과서 외의 책을 읽을 기회를 주는 것은 필요한데, 이때 선생님이 읽지 않은 책을 추천하는 건 부끄러운 일이다.

'선생님이 읽어봤는데'라며 추천하는 책은 확실히 아이들에게 더 특별하게 다가가는 걸 느낄 수 있다.

책 읽고 싶은 기분 아니에요

그럼 읽어줄게

지금은 겨우겨우 독서를 하지만 학창시절에는 매년 다독상 후보에 이름을 올릴 정도로 책을 많이 읽었다. 나는 언제부터 책을 읽었을까? 기억이 나지 않는 어린 시절, 사진 속의 아버지는 나에게 책을 읽어주고 계신다. 초등학생 시절에도 아버지는 나에게 책을 읽어주셨다. 아버지가 다 읽어주고 나면 다시 그 책을 뽑아 읽기도 하고, 뒷부분이 궁금해 내 방으로 몰래 들고 와서 읽다가 책에 얼굴을 파묻고 훌쩍이기도 했다. 그런 경험이 고등학교 때 도서관을 자주 들락거리게 해준 것 같다.

우리 아이들도 책을 재미있게 읽으면 좋겠다. 그런데 아이들은 책 읽기가 재미없어서 안 읽겠단다.

그렇다면 할 수 없지. 우리 아버지처럼 나도 책을 읽어주는 수밖에.

"책 읽기 싫으면 읽지 마! 대신 내가 읽어 줄 테니까 들어."

"엎드려서 들어도 돼요?"

"그러든지."

시작은 계획에 없던 일이었다. 그날 아버지 생각도 났고 한 번쯤은 아이들에게 책을 읽어주고 싶은 마음이 늘 있었기에 뱉은 말이다. 하지만 읽어줄 책을 골라놓지도 않은 상황이었다. 일단 교실 책장 앞에 앉았다. 그나마 내가 학급문고를 한 번 바꿔서 아이들이 읽었으면 하는 책으로 채워놓아 다행이었다. 사실은 내가 좋아하는 책으로 채워놓았다.

내가 고른 책은 《100만 번 산 고양이》.

그림책을 들고 아이들 앞에 서니 조금 멋쩍었다. 목소리는 어떻게 할지, 연기를 해야 할지, 아이들에게 그림은 잘 보이는지, 이런저런 고민을 하며 그림책을 들고 애들 앞에 섰다.

그림책 표지를 보여주며 고양이 기분이 어때 보이는지, 백만 번 살 수 있다면 어떻게 살고 싶은지 이야기를 나누었다. 책장을 넘기며 슬픈 장면은 슬픈 목소리로 읽고, 담담한 내용은 담담하게 읽었다. 나름 수컷 고양이 목소리와 암컷 고양이 목소리를 연기하며 읽었다. 마지막 페이지를 넘길 때 엎드려 있는 아이는 없었다. 나는 빨개진 귀를 숨기려고 손으로 귀를 감싸 쥐었다. 하지만 아이들은 내 귀에 시선을 둘 만큼 감정에 여유가 있지는 않았다.

그 뒤의 이야기는 어떻게 되는 건지, 왜 고양이는 살아나지 않았는지, 새끼고양이들은 어떻게 되었는지, 후속편은 없는 건지…. 흥미진진한 토의가 시작되었다.

"다시 안 살아난 이유는 말이야, 흰 고양이를 만났기 때문이야. 다시 살아날 이유가 없었던 거지."

준이 말에 나도 아이들도 모두 고개를 끄덕였다.

장편 동화 읽어주는 방법

가끔 아침에 책 읽어달라며 쪼르르 나에게 다가오는 아이들을 보며 나 자신을 또 칭찬했다. 아이들이 책 읽어 달라고 요청하는 것은 나의 그림책 읽기가 꽤나 흥미롭고 괜찮다는 뜻 아닌가! 하지만 아이들은 스스로 책을 읽어보라는 요청에는 여전히 예민하게 반응했고 고개를 절레절레 흔들었다.

초등학교 국어 교과서에 독서 단원이 새로 들어왔다. 대부분의 학교에서 '한 학기에 한 권 읽기'를 하고 있다.

하지만 아이들의 손끝이 향하는 책은 얇은 그림책 또는 만화책. 그런 아이들에게 장편 동화를 한 권씩 나눠주었다. 아이들은 그다지 달가워하지 않았다(그렇게 두껍지 않은 3∼4학년 대상의 장편 동화인데도 불구하고!).

나름 책 읽어주기의 성공적인 경험을 한 나는 자신 있게 《푸른 사자 와니니》첫 장을 펼쳐 들었다.

아이들도 한결 익숙하고 편안한 모습으로 자리에 앉아서 빨리 읽어달라며 재촉했다. 마치 영화관에서 영화가 시작되기만을 기다리는 모습 같았다. 이번 장편 동화의 등장인물들은 주인공인 사자를 포함한 초원의 동물들. 많은 동물의 등장에 여러 가지 목소리를 만들어 대사를 읽어야 했다. 특히나 동물들의 울음소리를 내기가 곤혹스러웠지만 아이들은 한 번 더 포효해보라며 신이 났다.

사냥을 할 때면 작고 낮은 목소리로 책을 읽다가 사냥감을 덮칠 때면 학생 뒤로 몰래 돌아가 "크아앙!" 하고 포효했다. 아이들은 움찔움찔 놀라며 "선생님, 사냥하는 부분 한 번 더 읽어줘요"라며 까르르 웃었다. 마치 영화를 보다가 마음에 드는 장면이 나와서 다시 돌려보기를 하는 느낌이랄까.

우기와 건기의 뜻을 잘 몰라 뜻을 설명해주기도 하고, 중요한 부분은 다시 읽으면서 눈을 감고 초원의 한 장면을 상상해 보기도 했다. 점심시간에 아이들이 교실 뒤에 누워있으면 그 옆에 앉아서 한두 문장 읽어주기도 했다. (그러다 아이들은 잠이 들기도 했다. 낮잠 시간에 책 읽어주는 아빠가 된 기분이었다.)

하지만 점점 지쳐가는 건 어쩔 수 없었다. 계속 새롭게 등장하는 동물이 너무 많았다. 장편 동화를 읽어주는 일은 힘이 들었다.

책 읽어주는 횟수가 줄어드니 아이들은 결말이 궁금해서 직접 책을 꺼내 읽기 시작했다. 그 뒤로 나는 장편 동화 앞부분을 최대한 재미있게 읽어주고 그냥 책꽂이에 다시 넣어두기를 반복했다. 그러고는 아이들이 궁금증을 못 참고 뽑아 읽는 모습을 흐뭇하게 바라봤다.

PS. 언젠가는 예림이가 책 한 권을 들고 와 나에게 읽어준 적이 있었다. 너무 행복했다. '아이들도 내가 책을 읽어줄 때 이렇게 행복했을까?' 나는 이런 생각을 하며 더 자주 책을 읽어줘야지, 다짐했다.

덧붙이는 말

책을 읽어주는 건 어른에게도 아이에게도 색다른 경험이다. 책 읽어주기를 제대로 하려면 꽤 준비가 필요하다. 먼저 책을 천천히 읽으며 어떻게 읽어줄지를 고민해야 한다. 내용의 흐름을 파악하고 감정선을 미리 그려놓자. 등장인물마다 목소리가 다 같으면 재미없으니까 적당히 연기를 할 수 있는 뻔뻔함도 준비하면 좋다.

준비가 되었다면 책을 읽어주자.

'애들이 알아서 읽으면 되지 무슨 책을 읽어줘요.' 이렇게 말하는 분도 있을 것이다. 백번 맞는 말이다. 하지만 요즘 성인들도 오디오북을 많이 듣는다는 이야기를 들었다. 예술을 즐기는 형태가 바뀌고 있다.

책을 읽어주면 아이들은 눈을 감고 들으며 마음속에서 장면을 그리고 상상할 것이다. 누군가에게는 텍스트가 주는 감동이 더 클 수도 있지만 누군가에게는 목소리가 주는 감동이 더 클 수도 있다. 예술을 받아들이는 예민한 감각은 사람마다 다르니까.

또 책을 읽어주는 건 아이들이 책과 친해지기 위한 소개 팅 같은 자리다. 우리가 어릴 때와 다르게 너무 많은 매체 와 미디어가 있어 책과 친해지지 못한 아이들이 많다. 이런 아이들에게 책과 친해질 수 있는 기회를 주는 자리이니 아 이들에게 꼭 책을 읽어 주자.

책 읽고 싶은 기분 아니에요

미술관 그만 가요

나는 체험학습은 단순히 놀러 나가는 게 아니라 교실에서 배울 수 없는 지식을 배우러 나간다는 생각이 깊이 박혀 있다. 때문에 아이들의 마음을 무겁게 할 때가 많았다.

체험학습 현장에 가서 해결해야 하는 과제도 산더미고 다녀와서 정리해야 할 과제도 산더미라 불만이 쌓였던 아이들이 참지 못하고 터진 적이 있다. 토요일에도 미술관, 수학여행도 미술관, 도시 체험도 미술관. 미술관에 가본 적이 별로 없다는 아이들 말에 분기별로 체험학습 장소를 미술관으로 꽉꽉 채웠다(적당함을 모르는 선생님).

광주 비엔날레가 열리던 때 나는 아이들을 데리고 비엔날레관에 갔다. 도슨트와 한 바퀴를 돌고 나와 또 한 바퀴를 돌면서 마음에 드는 작품을 골라 사진을 찍었다. 옆에서 그림이 왜 마음에 드는지, 그림을 보면서 생각나는 경험이 있는지, 기분은 어떤지, 꼬치꼬치 캐묻는 선생님이 귀찮았겠지만 익숙해진 아이들은 그러려니 하며 내 질문에 하나하나 대답해주었다.

점심을 먹고 내가 아이들을 데리고 간 곳은 시립미술관이었다. 예림이는 인상을 쓰며 나를 툭툭 쳤고 남자아이들도 넋이 나간 표정이었다. 나는 옆에 있던 착한 윤빈이를 쳐다봤다. 윤빈이도 이건 아니라는 듯 고개를 저었다.

시립미술관은 1관부터 5관까지 있었다. 아이들에게 이야기해주려고 미리 전시 내용까지 살펴봤다. 하지만 아이들의 표정을 보니 포기하는 게 낫겠다는 생각이 들었다.

그날 교장 선생님 몰래 미술관을 탈출해서 어지러울 때까지 그네를 타고(우리 학교에는 그네가 없어 6학년들도 그네를 보면 정신줄을 놓는다.) 조금 더 걸어가 작은 놀이공원에서 바이킹을 탄 다음 공원 앞 카페에서 버블티를 마셨다. 집합

장소로 돌아오니 교장 선생님께서 "오늘 체험학습에서 많이 배웠냐"고 물으셨다. 나는 아이들에게 눈을 찡긋했고 아이들은 크게 대답했다.

"미술관 정말 좋았어요!"

미술관도 좋고 영화관도 연극도 다 좋다. 하지만 너무 많은 강요와 반복은 아직 즐거움을 찾아가는 아이들에게 버겁다는 걸 느꼈다.

아이들이 나중에 커서 선생님과 함께 다니던 미술관을 회상하며 미술관을 찾고 선생님과 함께 봤던 영화가 생각나서 다시 찾아 본다면 교사로서 보람 있는 일이다. 하지만 그건 아이들의 선택이다.

선생님과 함께 신나게 논 기억도 미술관 못지않게 의미 있다고 생각한다. 바이킹을 타고, 어지러울 만큼 높이 그네를 태워주고, 친구들이랑 카페에서 마지막 한 방울까지 버블티를 쪽쪽 빨아 마신 그날의 기억이 나중에 예술작품의 소재가 될지 누가 알겠는가.

우리 반에는 만화책도 많다

울고 웃으며 읽는
'인생 만화'

　학급문고로 학습만화가 아닌 다른 만화책을 사려면 눈치가 보인다. 하지만 나는 초등학교 때부터 성인이 된 지금까지 수많은 만화책을 보고 있다. 만화를 통해 요리사의 삶이라든가 오케스트라 단원의 모습, 이상한 선생님, 병원 속이야기 등 보지 못한 세계를 만나고 진로에도 많은 영향을 받았다. 그렇기에 나는 눈치를 봐가면서 굳이 교실 책꽂이에 만화책을 사서 넣어놓곤 한다.

　보여주고 싶은 만화책이 너무 많아서 만화책을 고르는데 오랜 시간이 걸린다. 그중 고민 없이 골랐던 것은 《여중생 A》. 곧 중학생이 되는 우리 반 아이들과 비슷한 나이의 주인공이 나오고 학교 폭력을 자극적이지 않게, 잔잔하지만 가볍지 않게 풀어낸 작품이다.

당연히 책이 들어오자마자 쟁탈전이 벌어졌다. 재미없는 논픽션보다는 만화책을 미리 선점해놔야 독서시간에 행복한 시간을 보낼 테니까. 다섯 권으로 이루어진 책이라 첫 권을 먼저 읽어야 느긋하게 독서를 할 수 있음을 아이들은 알고 있었다.

어느 날 진이는 점심시간에 의자에 앉아서 그 커다란 몸을 웅크리고는 움찔움찔하고 있었다. 가까이 가서 보니 책을 읽다 말고 울고 있었다. 사실 놀리고 싶은 마음이 굴뚝같았지만 꾹 참았다.

"진아, 왜 그래?"

"주인공이 행복했으면 좋겠어요."

그 모습을 보고 있던 준이나 지혁이가 놀릴 법도 한데 고개만 끄덕이고 있었다. 진이는 아이들에게 양보하느라 만화책을 마지막으로 읽었다. 이미 아이들은 한 번씩 느꼈던 감정이었고 같은 감정을 느끼고 있는 진이를 놀릴 수 없었

던 것이다.

어찌 됐건 진이는 책을 다 읽고 상기된 얼굴로 나에게 와서 말했다.

"살면서 읽었던 책 중에서 가장 열심히 읽었어요. 용돈 받으면 꼭 살 거예요. 인생책 찾았어요!"

진이가 살면서 읽은 책이 얼마나 되는지는 모르겠지만 진이는 인생책으로 꼽을 책을 발견한 것이다.

《여중생 A》가 아니더라도 아이들은 크로키에 관련된 만화책을 읽고 미술 시간에 크로키를 하기도 하고 반려동물에 대한 만화책을 읽고 자신의 고양이를 떠올리기도 했다. 외로운 초등학생 이야기를 읽으며 함께 슬퍼하기도 했다. 그 책들을 동생들에게 추천하는 모습도 보았다. 재미있는 동화책을 읽고 나서는 '재미있었다'라고 말하면 끝인데 만화책은 거의 강요하듯 동생들 손에 쥐여 주는 모습이 인상적이었다.

앞으로도 3월이면 만화책을 구입해서 교실 책장에 꽂아둘 것이다.

우리 반에는 만화책도 많다

덧붙이는 말

내 어린 시절보다는 나아졌지만 아직도 만화에 대한 시선은 곱지 않다. 학교에서 구매하는 책 중에 만화책은 대부분이 학습만화다. 여전히 만화는 깊이 있는 독서보다는 즐거움을 위해 읽는 책으로 인식된다.

하지만 국어 교과서에도 만화가 들어오기 시작했고 미술 시간에도 아이들은 만화에 대해 배운다. 웹툰 시장이 커지기 시작하면서 공모전 한 편에는 만화가 자리를 차지하고 있다. 20세기 프랑스에서는 회화와는 별도로 만화를 예술의 한 장르로 규정하고 있다.

그러므로 우선 어른들이 만화를 넓은 마음으로 끌어안을 필요가 있다. 만화를 예술로 인식해야 한다. 아이들이 만화를 통해 다른 세상, 느끼지 못했던 감정을 받아들인다는 사실을 인정해야 한다.

아이들이 단순히 글로 된 책이 읽기 싫어서 만화를 선택한다고 판단하지 말자. 글을 읽으면서 머릿속으로 그림을 그리는 책을 선호하는 아이도 있고, 만화나 영상을 통해 세세한 것까지 관찰하며 감상하는 것을 선호하는 아이도 있다.

아직 경험이 부족하고, 어휘력이 부족한 아이들은 책을 읽으면서 단어의 뜻을 정확하게 파악하지 못하는 경우가 많다. 그때마다 사전을 찾아보고 어른에게 단어 뜻을 물어가며 읽는다면 감정에 온전히 집중하기 힘들 것이다.

반면에 만화는 인물의 표정과 상황, 대사, 배경을 통해 맥락을 이해하기가 수월하다. 덕분에 자신의 감정에 집중하게 된다. 내용적 측면이 아니더라도 회화적 측면에서 아이들은 만화를 보면서 다양한 그림을 접한다. 자신의 마음에 와닿는 선과 색을 쓰는 만화를 고르는 과정도 미술작품을 감상하고 평가하는 것과 같은 예술교육이다.

예술을 떠나서도 나는 만화 속 인물의 삶을 통해 많은 지식을 배웠다. 동화책도 만화책도 다 좋은 책이다. 만화도 만화만의 장점이 있으니 우리 아이들에게 만화책을 펼쳐주자.

II

◆

아이들이 표현할 때
자신들의 이야기가
온전히 담겨 있는 게 중요하다.
기술적으로 완벽한 작품보다
솔직한 마음을 담은
아이의 작품을 응원해주자.

우리끼리
예술 동아리를 만들라고요?

괜찮아.
누구에게나 처음은 있어

　요즘 학교에는 동아리도 있고 방과 후 수업도 있고 자율 동아리도 있다. 그중 자율 동아리는 학생들이 주도적으로 일주일에 한두 시간씩 자유롭게 활동하는 형태의 동아리다.

　아이들에게 이번 자율 동아리는 예술 관련 동아리를 만들어야 한다고 선언했다. '자율' 동아리인데 너무 일방적인가 싶었지만, 이런저런 학교 사업과 학부모의 요구가 맞물려 어쩔 수 없었다.

　"축구부 만들려고 했단 말이에요!"

준이는 세상이 무너지는 표정을 지으며 한탄했다. 체육 시간과 점심시간에 같이 공을 차주겠다고 어르고 달래서 겨우겨우 동아리 구성을 고민하는 시간으로 돌아왔다.

일단은 예술, 앞에 붙은 예술이란 단어가 문제다. 아이들은 "그림 못 그려요"라는 말만 반복했다. 아이들이 이해하는 예술이란 그리기, 노래 부르기, 악기 연주 정도가 전부였다. 아무도 예술이 무엇인지 알려주지 않았기에 아이들은 무엇을 선택해야 하는지 주저하고 있었다.

"선생님, 레고로 만드는 것도 예술이에요?"

용감한 4학년이 손을 번쩍 들더니 나에게 물었다. 레고를 꼭 만들고야 말겠다는 초롱초롱한 눈빛이었다.

"그렇지. 네가 새로운 세계 하나를 만드는 거잖아."

그 아이를 중심으로 레고부가 구성될 쯤 다른 아이들도 나에게 자신이 하고 싶은 활동이 예술인지 물어보기 시작했다.

내 카메라를 만지작거리는 데 빠진 준이는 주저 없이 사진부를 만들겠다고 선언했다. 6학년들이 카메라를 가지고 돌아다니는 모습을 부러워하던 동생들이 준이에게 붙었다.

지혁이는 동생과 귓속말을 몇 번 주고받았다. 이윽고 동생이 나에게 와서 이야기했다.

"노래를 만들고 싶은데 선생님이 기타도 알려주고 노래 만드는 것도 도와주면 우리 음악부 만들어 볼래요."

자기들끼리 지도교사까지 선정하다니! 그 아이들에게 꼭 노래를 만들어보자고 약속을 했고 음악부도 만들어졌다.

영상 시대에 맞춰 영상부도 생겼다(핸드폰을 사용하기 위해 만든 게 아닐까 싶었지만 나름 공모전에 출품하는 노력까지 보였다). 아이클레이부를 만들자 상상도 못할 만큼 많은 아이클레이를 학교에서 지원해주었다.

목요일 6교시가 끝나면 한쪽 교실에서는 기타와 타악기 소리가 들렸다. 카메라를 하나씩 목에 걸고 돌아다니며 사진을 찍고 다니는 준이와 그 무리가 있었다. 또 다른 교실에서는 조용히 레고와 아이클레이로 작은 세상을 만들어가는 아이들을 볼 수 있었다.

매주 목요일은 아이들도, 보고 있는 선생님도 행복했다.

우리끼리 예술 동아리를 만들라고요?

PS1. 카혼을 두들기며 눈을 감고 감정을 한껏 담아 노래하는 지혁이를 보러 선생님들은 자주 음악부에 들렀다. 발걸음을 붙잡는 아름다운 목소리. 작년까지 지혁이는 수업 시간이면 말이 없어지고 무기력하게 책상에 엎드려있던 아이였다. 선생님들이 번갈아가며 칭찬했고 지혁이는 코를 쓱 닦고 어깨를 으쓱하며 수줍게 웃었다.

PS2. 학예회 날 전시된 준이의 생동감 넘치는 사진은 학부모님들에게 큰 즐거움을 주었다. 서툴지만 음악부의 노력이 담긴 합주는 기립박수를 받았다.

예술이라는 단어가 어른인 우리에게 무겁게 다가온다고 아이들에게까지 무겁게 얹어줄 필요는 없다. 나는 아이들에게 예술이 평생의 위로가 되고 휴식이 되길 원한다. 그렇기에 시작부터 무겁게 한 짐을 싸주지는 않을 것이다.

아이들이 처음 만나는 예술은, 가볍게 마을을 산책할 생각으로 챙긴 작은 물병 하나 정도의 무게면 충분하다.

무엇이든 예술이 될 수 있다. 무엇이든 원하는 걸 만들게 해주자. 남에게 내보이는 것을 부끄러워하지 않고 자랑스러워할 수 있도록 가볍게 접근하게 해주자.

이 카메라, 정말 써도 돼요?

핸드폰은 익숙하지만, 카메라는 처음

한참 영상 편집에 빠져있었을 때 내 책상 위에는 카메라가 항상 놓여 있었다. 사진 실력이 없는 탓을 핸드폰으로 돌리며 홧김에 산 카메라였다. 사진 실력이 나아지기도 전에 여행 영상이 인터넷에서 유행하기 시작했고 나도 부족한 실력으로 여행 영상을 찍고 자르고 붙이곤 했다.

하지만 사진이 그러했듯 영상도 나아질 기미가 보이지 않았다. 편집은 중노동이라는 생각을 할 무렵 나에게서 멀어진 카메라는 아이들의 장난감이 되었다.

"선생님, 여기 봐요 여기!"

"우왁! 선생님 얼굴 좀 봐. 표정 진짜 웃겨!"

준이와 지혁이는 선생님 물건이라는 생각은 전혀 없는지 목에 카메라를 걸고 학교를 활보했다.

"정혜 춤춘다! 사진 찍어야지."

"찍지 마!"

"과학 선생님 이 닦는다! 이 닦는 모습 찍어야지!"

"수업 시작한다! 카메라 내려놔라!"

한동안 난리였다. 남자애들은 뭐든 찍으려 들었고 여자애들은 렌즈에서 도망치는 게 일상이 되었다.

대부분의 학교에서는 핸드폰 사용이 자유롭지 못해 핸드폰 카메라를 평상시에 사용할 수 없다. 나는 아이들의 핸드폰 사용을 긍정적으로 바라보는 편이지만, 그렇다고 항상 핸드폰을 들고 다녀도 된다고 할 만큼 관대하진 않았다. 그런 아이들에게 카메라는 충분히 매력적인 장난감이었다.

또 셀카 찍기에 주로 사용되는 핸드폰과는 다르게 카메라는 주변 세상을 찍는 데 초점이 맞춰져 있다. 사진 찍기 개념이 형성되지 않은 학생들에게 사진을 찍는 건 새로운 경험이었다.

　이런 상황에서 카메라를 들고 사진을 찍는 행위는 근사한 놀이였다. 퇴근 후 아이들이 찍어 놓은 사진을 정리하는 일은 나의 새로운 업무가 되었다. 절반은 흔들린 사진, 나머지는 무엇을 찍었는지 알 수 없거나 렌즈 앞에서 괴상한 포즈를 취하고 있는 남자아이들 사진이 대부분이었다. 나는 아무 생각 없이 아이들의 사진을 지웠다. 아이들도 이미

찍은 어제의 사진들에는 별 미련이 없었다.

그런 날들이 몇 번이고 반복되었을 때 몇몇 사진들이 내 눈에 띄었다. 아이들 사진을 보며 지울 것인지 말 것인지 고민하는 시간이 늘었다. 몇 번이고 사진 파일을 휴지통에 넣었다 뺐다를 반복하다 결국 지우지 못했다. 다음날 아침 시간에 아이들에게 사진을 보여주며 말했다.

"교실 창가에 있는 이 화분 찍은 사람?"

햇빛을 한껏 받고 있는 토마토와 해바라기 새싹이 한 줄로 쭉 줄 맞춰 서 있는 사진이었다.

"그거 지혁이가 찍었어요!"

"이 사진을 왜 찍었어?"

"……"

평소처럼 지혁이는 입을 꾹 다물고 있었다. 단둘이 있을 때는 말을 잘하는데 다른 아이들과 함께 있을 때는 생각하는 시간이 많아지고 눈치를 보곤 한다.

"괜찮아, 천천히 이야기해. 선생님이 혼내는 게 아니라 정말 궁금해서 물어보는 거야."

"더 자라면 달라지니까 어제 모습을 찍었어요."

"지혁이 사진! 선생님은 정말 마음에 들어."

매끄럽지 않은 말이었지만 나에게 더없이 소중한 한마디였다. 나는 지혁이를 보며 씨익 웃었다. 지혁이도 쑥스러운지 창밖으로 시선을 돌리며 웃었다.

"이 사진! 나 찍은 사람 누구야?"

"그 사진은 저요! 잘 찍지 않았어요? 선생님이 핸드폰으로 뭐하는지 몰래 찍어서 애들한테 보여주려다가 뭔가 멋있어서 찍었어요."

준이가 찍은 사진이었다. 뭔가 멋있다… 내가 봐도 인물 사진으로 나쁘지 않았다. (나는 그 사진을 우리 반 아이가 찍어줬다며 SNS에 자랑스럽게 올렸다.) 수평도 잘 맞췄고 초점도 나를 향해 있었다. 중앙이 아닌 조금 왼쪽에 피사체를 둔 것도 좋았고 오른편 창가에서 빛이 쏟아지며 그 빛에 내가 묻혀 있는 것도 마음에 들었다.

아이들의 놀이가 예술로 바뀌는 순간이었다. 여전히 웃기고 흔들린 사진들이 대부분이었지만, 삭제 버튼을 누르지 못하고 남겨두는 사진들이 늘었다.

어느 날은 꼭 기억하고 싶다며 카메라를 후다닥 가지고

가서 찍기도 했다. 찍고 싶은 게 명확해진 것이다. 사진이 마음에 안 든다며 같은 피사체를 여러 각도에서 찍기도 했다.

가장 행복했던 순간은 사진을 찍은 후 나에게 쪼르르 달려와 왜 찍었는지 조잘조잘 설명을 하고는 빨리 피드백을 해달라는 듯 나를 빤히 쳐다보던 때. 아이들은 각자의 눈으로 삶을 기록하고 나와 공유하기 시작했다.

사진 찍기를 취미로 하는 어른들이 그렇듯 장비에 욕심을 내기도 했다. 뷰파인더로 보는 걸 선호하는 아이도 있고 작은 카메라로 빠르게 그 순간을 포착하기를 즐기는 아이도 있었다.

나는 학교 행사가 있을 때면 교무실에 고이 보관되어 있는 고가의 카메라를 아이들 목에 걸어주기도 했다. 400만 원 가까이 나가는 카메라였기에 다른 선생님들 눈치가 보였지만 아무리 생각해도 교사 목보다는 아이들 목에 걸리는 게 더 어울린다고 생각했다. 아이들은 사명감을 가지고 행사 사진을 열심히 찍었다. 어른들이 찍는 사진보다 훨씬 나은 작품이 많이 나왔다. 무슨 활동을 하는지, 아이들이 어떤 표정을 짓고 있는지 명확하게 알 수 없는 재미없는 사진 대신 아이들의 눈에 잡힌 신선하고 소중한 사진들이 늘어갔다.

언젠가 준이는 일기장에 사진에 대한 이야기를 길게 적기도 했다.

나는 6학년이 되고 처음으로 카메라로 사진을 찍어본다. 나는 주로 선생님 사진을 많이 찍었다. 가끔 선생님 사진을 잘 찍으면 그날 일기로 대신 인정해주기도 한다. 그래서 선생님 사진을 많이 찍은 것 같다. 또 진짜 잘 찍으면 칭찬을 해 주셔서 뿌듯하고 기분이 좋다.

생각해보니 나는 사진을 진짜 많이 찍은 것 같다. 선생님 없을 때 몰래 카메라로 찍고 가끔 학교 행사 때도 찍고 많이 찍었다.

나는 사진 찍기가 좋고 재미있다. 나중에 축구 선수를 못 하면 사진 찍는 사람이 돼도 괜찮을 것 같다.

엄마한테 카메라를 사달라고 해야겠다.

나보다 훌쩍 커버린 준이가 멋진 카메라를 들고 '선생님 한 장 찍어드릴게요.'라고 말하는 장면을 가끔 상상하곤 한다.

이 카메라, 정말 써도 돼요?

덧붙이는 말

카메라로 사진을 찍는 것에 시큰둥한 어른들이 많다. 사실 내가 봐도 요즘 세상에 카메라는 그렇게 필요한 물건은 아니다.

"핸드폰이 있는데 카메라가 왜 필요해요?"

백번이고 맞는 말이다. 그럼에도 불구하고 나는 아이들이 충분히 카메라를 만지고 찍어볼 필요가 있다고 생각한다.

핸드폰은 너무 간편하다. 주머니에서 핸드폰을 꺼내 터치 몇 번에 찰칵 사진을 찍는 과정은 너무 무성의하다. 조금 불편한 과정 속에서 아이들은 고민을 하게 되고 신중해진다. 뷰파인더가 있다면 더욱 좋다. 어떤 장면을 담을지 신중하게 선택해야 한다.

셀카를 주로 찍던 카메라로 뭔가 의미를 담아 찍는 것은 복잡 미묘한 감정을 선물한다. 어쩐지 내 의미조차도 평범해지는 느낌이랄까. (물론 기성 사진작가 중에 핸드폰을 쓰는 사

선생님, 오늘은 뭐 하고 놀아요?

람도 많지만 이미 초월한 존재들 아닌가. 평범한 우리는 마음가짐과 장비도 중요하다.)

아이들에게 카메라는 생소하다. 카메라에서만 느낄 수 있는 화각과 심도의 깊이는 아이들에게 흥미로운 대상이다. 뭐든 시작할 때는 재미있어야 한다. 그리고 배움은 생소함에서 오기에 나는 굳이 카메라를 고집한다.

사진은 순간을 기록하는 것인데 단순히 사실에서 멈추면 안 된다. 사진 속에 그날의 이야기와 기분이 담겨 있어야 의미가 생긴다. 그날의 소중함이라든가 슬픔이라든가 즐거움, 그런 것들. 먼 훗날 사진을 보면 사진이 머릿속에서 동영상으로 되살아날 것처럼 생생하게 냄새까지 맡아져야 한다. 어른들에게도 어려운 일이지만 찍은 사진을 보며 이야기를 나누다 보면 자연스럽게 느껴지게 된다.

그리고 사진을 찍고 꼭 정리했으면 한다. 사진파일은 모이면 쓰레기다. 차고 넘치면 한꺼번에 휴지통으로 들어가 삭제되거나 어느 구석에서 더 이상 열어보지 않는 폴더로 남을 것이다. 여유가 있다면 학생들과 함께 정리하자. 신선한 경험을 할 수 있다. 사진 한 장 한 장에 대해 이야기를 듣는 건 즐거운 일이고 함께 키득거리는 시간이 늘어날 테니까.

정리한 사진 중에서 고르고 골라서 인화하자. 작은 엽서로 남은 자신의 작품은 다시 셔터를 누를 수 있는 즐거움을 줄 것이다. 어른들은 생각하지 못한 구도와 시선의 작품을 인화해 교실과 학교에 주렁주렁 달아놓는 일. 아이들을 꼬마 작가로 만들어주는 첫걸음이다.

PS. 무분별한 셔터 난사를 하지 못하게끔 초상권 교육은 꼭 하도록 하자.

와, 미술 도구가 잔뜩 있다!

미술이 싫었던 게 아니라,
도구가 낯설어서

초등학교 미술 수업은 크게 세 가지 영역으로 나눠진다. 체험, 표현, 감상. 이렇게 세 영역으로 나뉘어 있지만 역시나 미술 수업에서 가장 많은 부분을 차지하는 시간은 표현 영역이다.

과연 아이들은 미술 시간을 좋아할까?

잘 그리지는 못해도 평생의 취미 중 하나가 낙서인 나는 당연히 아이들도 미술을 좋아할 거라 생각했었다. 하지만 현실은 내 생각과 크게 달랐다.

아이들은 미술 시간을 수학 시간보다는 좋아했을 뿐, 미술 시간을 불편해했다.

"오늘은 물감으로 수채화 그려보자."

"아~~~"

다른 아이들도 그랬지만 윤빈이가 특히 힘이 없어 보였다. 윤빈이는 느릿느릿 교실 뒤편으로 가서 주섬주섬 수채 용구를 꺼냈다. 어쩐지 윤빈이의 느린 동작이 계속 신경 쓰였다. 평소에 일기장 한쪽에, 사회 공책 빈구석에, 책상 귀퉁이에 낙서를 하던 아이의 작은 한숨은 나에게 아주 큰 소리로 다가왔다.

"왜? 미술 시간 싫어?"

"싫은 건 아닌데… 그냥, 어려워요."

"응?"

"그리는 건 재미있는데 저는 못 그리잖아요."

여기서 교육대 다닌 티를 내자면 아이들의 표현에는 단계가 있다고 한다. 보통 6학년 아이는 의사실기(관찰한 대로 그리는 것을 선호하고 대상의 색과 같은 색을 선택하여 그리려는 시기)와 결정기(주변 환경에 관심을 두고 주관적으로 창조하는 표현 단계) 그 사이 어딘가에 위치하고 있다. 본 것을 사실적으로 표현하려고 하고 그림에 대한 평가를 할 수 있는 나이가 되었지만 자신이 본 것만큼 표현할 수 없는 시기. 소수의 선택 받은 아이들을 제외하면 대부분의 아이들은 좌절감을 느끼고 잘 그린 그림과 비교하면서 자신은 그림을 못 그린다고 단정 짓는 나이가 온 것이다.

그림그리기는 좋아하지만, 잘 그려야 한다는 압박감에 미술 시간을 부담스러워하는 아이들. 시골에서 미술 학원은 구경도 못 해본 아이들에게 어른들도 쓰기 어려워하는 수채화 물감을 내밀며 '넌 잘 그릴 수 있어. 네가 그리고 싶은 걸 그려봐.'라는 말은 얼마나 큰 부담으로 다가왔을까?

"그리고 수채화는 만날 망해요."

교과서에 수채화가 수록되어 있다고 아이들과 수채화를 그리려고 했던 나도 참 한심한 교사였다. 수채화를 잘 그리기 위해서는 많은 기술이 필요하다. 물 농도 조절도 중요하고 색의 혼합도 중요하다. 밑그림을 잘 그리는 것도 중요하고 색 위에 색을 덧칠하는 것도 중요하다. 원하는 색이 아닐 때 지우개로 지울 수 없는 것도 아이들에게는 곤욕이었을 것이다.

나는 오일파스텔, 마카, 아크릴물감, 색연필 따위를 잔뜩 사놓고 그림 강좌 유튜브를 보기 시작했다. 아이들에게 성공의 기회를 만들어주는 것이 가장 중요하다고 생각했다. 내가 말하는 성공이란 잘 그린 그림이라기보다는 작품 완성의 즐거움이었다. 아이들의 그림이 미술관에 걸리는 게 내 목표는 아니었으니까.

나도 처음 시도해보는 도구와 재료를 아이들 손에 쥐어주었다.

"못 그린 그림은 없어."

그날 이후 미술 시간마다 내가 한 말이다. 다행히 아이들의 부담감이 줄어든 것 같았다. 처음 만져보는 도구와 재료가 주는 짜릿한 즐거움을 느끼고 있었다. 아이들에게 내 마음이 어느 정도 통했던 것 같다. (선생님이 시범을 보일 때 서툴렀던 모습도 부담감을 줄이는 데 한몫했다.)

커다란 캔버스에 젯소로 백칠을 하는 일도, 색은 신경 쓰지 않고 커다란 종이를 마카로 가득 채우는 일도, 오일파스텔의 연두색 위에 초록색을 덧칠하는 일도 아이들에게는 흥미로운 일이었다. 또 간단한 일러스트를 알려주자 아이들은 한동안 고양이나 강아지를 주구장창 그리면서 재미있어했다.

마음 가는 대로 칠하고 원하는 도형으로 가득 채워 넣은 아이들의 작품을 예쁘게 액자에 넣어 이젤 위에 올려놓았다. 나는 언젠가 우리가 함께 보았던 현대미술 작품과 큰 차이가 없다고, 너무 좋은 그림이라고 열심히 칭찬했다. 아이들이 선택한 색 하나 선 하나에 이유를 물으며 공감하고 고개를 끄덕였다.

미술 시간에는 준 작가님, 윤빈 작가님이라고 아이들을 불렀다. 아이들은 장난치지 말라고 하면서도 어느덧 익숙해졌다. 작품을 완성한 뒤에는 친구들 앞에서 색을 선택한 이유를 설명했다. 나는 뒤에서 작가님의 그림에 칭찬을 아끼지 않고 찬사를 보냈다.

어느 순간 아이들은 각자 원하는 도구와 재료를 손에 쥐기 시작했다. 예림이는 촉감이 부드럽고 포근한 오일파스텔을 선호했고, 지혁이는 마카의 비슷한 색을 찾아 색을 겹

치기도 번지기도 하는 모양을 즐겼다. 선을 원하는 대로 긋기에 편한 색연필은 정혜가 가장 자주 쓰는 도구였다. 준이는 펜으로 최소한의 선을 써서 그림을 그리면서 즐거움을 느꼈다.

윤빈이는 아크릴 물감을 좋아했다. 생소한 재료임에도 불구하고 이젤 위에 캔버스를 올려놓고 미술 시간이 끝나고 쉬는 시간에도, 점심시간에도 붓질을 멈추지 않고 캔버스를 채워나가곤 했다. 그릴수록 두꺼워지는 질감이 좋다고 이야기하기도 했고 마르면 그 위에 색을 다시 덮을 수 있는 것도 마음에 든다고 말했다. 그라데이션이 편해서 어느 날은 바다를, 어느 날은 노을 풍경을 그렸다. 윤빈이가 고른 색은 그날 윤빈이의 기분이었다.

"이번 시간에는 자화상 그릴 거야! 못 그린⋯."
"알아요! 못 그린 그림은 없잖아요!"

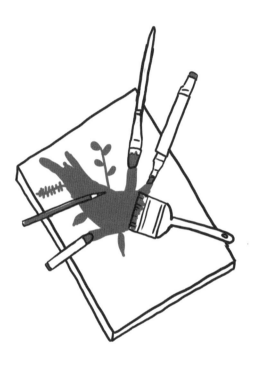

덧붙이는 말

"애들이 저보다 잘 그리는 걸요? 애들에게 그리고 싶은 걸 그리라고 하면 생각보다 잘 그려요."

"요즘 인터넷에 보면 아이들도 쉽게 작품을 완성할 수 있는 지도 방법이 많아요! 환경정리 하기 좋아요"

이런 말을 하는 선생님들이 있다. 물론 맞는 말이다. 아이들이 자유롭게 그리는 것도, 완성도가 높은 그림을 그리는 것도 중요하다.

하지만 우리는 수학을 가르칠 때 '자유롭게 풀어보렴' 하면서 아이들을 방치하지 않는다. 또 매일매일 단순 계산 문제만 주면서 성공의 기쁨만 맛보게도 하지 않는다. 비약이 심할지도 모르지만, 나는 수학을 가르칠 때와 미술을 가르칠 때 그 과정은 같아야 한다고 생각한다.

아이들에게 미술 도구와 재료의 기본적인 사용 방법을 알려주고 나서 자유롭게 그릴 수 있도록 해주는 게 좋지 않

을까 생각한다. 너무나 당연한 교수법인데, 그 당연한 교수
법이 자신감과 창의력을 동시에 키워준다.

　　정말로 미술을 싫어하는 아이들도 있겠지만, 대부분은
앞에서 말한 것처럼 미술 자체에 대한 어려움보다는 비교
하는 과정에서 미술에 대한 거부감이 생긴다. 자신이 기대
하는 만큼 그림을 그리기란 어려운 일이다.

　　나는 칭찬이 후한 성격은 아니지만 미술 시간만은 다르
다. 그렇다고 칭찬이 가식적이거나 기계적이면 아이들은
귀신같이 알아챈다. 우선은 교사부터 잘 그린 그림과 못 그
린 그림에 대한 편견을 버릴 필요가 있다. 아이가 고른 색,
아이가 그은 선을 열린 마음으로 바라봐주자. 색과 선에서
나오는 아이의 작은 이야기도 놓치지 말자. 하나하나에 아
이의 마음이 담겨있다.

　　함께 마음을 나눈 그림은 더욱 소중하다. 아이가 자기 작
품에 애착을 가지고 의미를 부여하면 좋겠다.

진짜로 일기장에
뭐든 써도 되는 거죠?

그런데
거짓말은 하지 마라

아이들에게 일기 비슷한 것을 써오라고 요구할 때가 있다. 6학년이 된 아이들에게 일기를 쓰라고 하니 반발이 심했다.

"이전 학교에서도 일기를 매일 써서 별로였는데, 또 일기 써야 해요?"

평소에는 헤헤 웃으며 곧잘 따라오던 진이도 고개를 절레절레 저었다.

"그건 너희들이 지금까지 거짓말만 써서 그래."

아이들의 일기장을 보면 거의 비슷하다. 오늘 했던 일을 쭉 나열하다가 마지막에 '참 재미있었다'로 마무리 짓는다. 심지어 일기 내용도 비슷하다.

"무슨 내용을 써도 상관없어. 한 줄을 써도 상관없고 대화만 적어도 상관없어. 대신 거짓말만 하지 마."

나는 이렇게 당부했다. 아이들의 일기가 점점 대담해졌다. '이런 것도 써도 돼요?'라고 묻던 아이들이 어느새 설마 했던 것도 쓰기 시작했다. 가끔은 내 욕도 했고 오늘 먹은 저녁밥에 대해 매우 길게 감상평을 남기기도 했다. 예림이는 수학여행에서 가장 즐거웠던 일이 옆 반 선생님이 스키 타다 넘어져서 코피를 흘린 것이라 썼다. 그러고는 절대로 옆 반 선생님께 일기 내용을 말하면 안 된다고 나에게 당부를 했다. (그런데 그 글은 학교 문집에 실렸다.) 처음에는 일기 보여주기를 꺼리던 아이들이(그래서 일기 쓰기 숙제만 내주고 검사는 안 하는 날이 많았다.) 나에게 읽어보라며 자랑스럽게 내밀기도 했다.

특히 윤빈이는 글쓰기를 좋아했다. 작은 일을 길게 쓸 수 있었고 자기 생각을 글 속에 잘 담아내는 아이였다.

진짜로 일기장에 뭐든 써도 되는 거죠?

학교 문집을 만들 때 우리는 따로 글을 쓰지 않았다. 지금까지 쓴 일기장을 펼쳤다. 그 안에는 시도 있고 편지도 있고 하루를 빼곡하게 적은 글도 있었다. 아이들은 한참 동안 일기장을 들여다봤다. 이때 기억나느냐며 서로 일기장을 보여주면서 이야기를 나누었다. 거짓 없는 글을 다시 보는 건 즐거운 일이다.

다음은 윤빈이 일기이다.

오늘은 운동회다. 난 솔직히 운동회를 싫어한다. 운동회를 하면 다리도 아프고 힘들어서 싫어한다. 운동회는 왜 하는 걸까? 굳이 편을 가르면서까지 싸울 필요가 있나? 나는 궁금했다.

나는 운동회를 시작하는 순간까지 긴장했다. 처음에는 좋았다. 일단 이기는 건 좋은 일이다. 일이 쉽게 풀렸다. 그런데 점점 우리 팀이 지고 있는 걸 깨달았다. 그리고 줄다리기 때 결국 6학년끼리 싸움이 붙었다. 선생님이 우리 팀을 도와줬다며 준이는 억울해했고 결국 울음이 터졌다. 점수가 뒤집혀서 이미 기분이 상한 준이는 이어달리기에서도 뒤집지 못하고 우리가 이긴 걸로 끝났다. 내가 생각하기엔 운동회를 해서 사이가 멀어지는 것보다 운동회를 안 하고 사이좋게 지내는 게 좋을 것 같다. 그리고 운동회가 끝나고 집에 가서 오빠를 때렸다. 왜냐하면, 나는 청팀인데 오빠가 홍팀만 도와줬기 때문이다. 진짜 서운했다. 그리고 나는 생각했다.

'진짜 오빠가 맞나? 자기 동생 팀은 안 도와주고 왜 다른 팀만 도와주는 거야!'라고 생각했다. 솔직히 내가 오빠라면 동생 팀을 도와줬을 것이다. 그리고 나의 예상대로 다리가 아프고 힘들었다. 나는 다리를 잘 못 쓰게 됐다. 억지가 아니라 진짜 아파서 못 걸었다. 그리고 뛰지도 못했다. 내일 친척분들 오시는데 친척 언니, 친척 동생들이랑 못 노는 건 아닌지 불안했다. 진 팀이든 이긴 팀이든 하나도 좋은 일 없는 운동회였다.

내년부터는 학교 운동회가 사라졌으면 좋겠다.

진짜로 일기장에 뭐든 써도 되는 거죠?

덧붙이는 말

어른이 되어서도 가장 쉽게 유지할 수 있는 예술 활동 중 하나가 글쓰기이다. 글쓰기는 다른 예술의 기초과정이기도 하다. 한 문장을 쓰더라도 고민하고 자신의 이야기를 숨김없이 담아내는 기록의 과정이다. 어쩌면 그 짧은 글이 나중에 가사가 될지도, 그림의 소재가 될지도 모른다.

아이들에게 일기를 쓰라고 할 때 신중할 필요가 있다. 아이들의 기록이 스케줄러가 되거나 오늘 하루를 나열하는 방식이 되어서는 안 된다.

나 자신과 대화하면서 써 내려간 글은 예술 활동에 탄탄한 기초 작업이 된다.

무용은 아닌 것 같아요

<u>포기는</u>
용기의 또 다른 방식

다른 학교 학생들까지 모이는 큰 야영에서 아이들을 데리고 율동과 춤 그 사이의 애매한 무언가를 공연한 적이 있다. 공연 준비를 핑계로 점심시간에 짬짬이 함께 춤을 추며 웃기에 바빴다. 나는 그것도 못 따라 하냐며 자신 있게 아이들 앞에서 엉성한 춤사위를 보여주고는 웃음거리가 되기도 했고, 언제나 왼손과 오른손이 반대로 나가는 정혜를 보며 모두가 웃을 뿐 누구도 짜증을 내지 않았다. 그때 찍은 영상을 아이들과 몇 번이나 돌려봤다. 전학 온 진이에게도 몇 번이나 보여주었다. 그래서 나는 당연히 아이들이 춤추는 걸 좋아하는 줄 알았다.

　그런데 아이들은 언젠가부터 내가 무용 시간에 함께 참여하는 걸 거부하기 시작했다. 평소 장난기 가득한 준이는 어색할 정도로 진지하게 내 눈을 똑바로 바라보며 이야기했다. 내가 수업 시간에 안 들어왔으면 좋겠다고. 다른 친구들과 여러 번 이야기를 나누고, 몇 번이고 고민한 끝에 말했을 것이다. 나는 아이의 말에 가만히 고개를 끄덕였다.

　무용 시간이면 체육관 옆 도서관에서 아이들을 기다렸다. 왜 내가 함께 있는 걸 싫어하는지 그 이유를 알지 못해 당황스럽기도 하고 혹시 내가 뭔가를 잘못한 건 아닐까 걱정이 되기도 했다. 궁금증은 얼마 안 가 풀렸다.

　수업이 끝나고 무용선생님이 난감한 표정을 지으며 나를 찾았다.

　"선생님, 잠깐만 6학년 애들 관련해서 드릴 말씀이 있는데요. 애들이 무용을 너무 힘들어해서 이번 학예회 때 6학년은 무용을 못 할 것 같아요."

　당시 학교에서는 1학년부터 6학년까지 모두 체육 시간에 무용을 배우고 있었고 함께 공연을 하기로 돼 있었다. 물론 학기초 학생들과 상의하지 않고 정한 내용이긴 하지만 1년 동안 배운 것을 보여주는 게 학예회의 진정한 취지가 아닐까 싶어 선생님들과 회의를 해서 정한 내용이다.

당연히 학년이 올라갈수록 무용의 난이도가 높아졌다. 그 난이도의 끝에 우리 애들이 있었다.

1학년 때부터 꾸준하게 무용을 해왔다면 즐겁지는 않더라도 벅차지는 않았을 것이다. 하지만 일반적인 체육 수업 안에서 꾸준하게 전문적인 무용을 배우기는 쉽지 않은 일이었다. (참고로 무용은 체육의 한 단원이다.) 어려운 무용 동작을 소화하기에는 아이들의 기초가 부족했다.

종종 무용 시간이 끝나고 아이들이 낄낄거리며 돌아오는 모습을 봤다. 당연히 아이들이 무용을 재미있어 하는 줄 알았다. 아이들에게 물었다.

"무용, 재미없어?"

"하나도 재미도 없고 힘들어요."

아이들은 무용이 즐겁고 재미있어서 웃은 게 아니었다. 친구의 엉성한 동작이 우스웠을 뿐이었다. 아이들에게 무용은 즐거움과 거리가 멀었다.

'오늘 아침에 일어나서 잠이 들기 전까지 하루를 몸으로 표현해 보세요.'라고 했을 때 작은 손과 다리로 꼼지락거리며 나름의 몸짓을 했을 것이다.

나름의 몸짓, 그게 딜레마였다.

최선을 다했지만 객관적으로 봤을 때는 3학년 학생의 동작과 다름이 없었다. 무용선생님은 아직 모으지 못한 손끝, 다른 방향을 가리키는 발끝, 회전 각도, 시선, 그런 것에 대해 아이들에게 말했을 것이다. 무용선생님이 화를 내는 것은 아니지만, 완벽하지 못한 자신들의 동작에 주눅이 들었겠거니 싶었다. 수업 시간에 옆에 있었으면서도 알아차리지 못해 미안한 마음이 들었다. 그런 모습을 보여주기 민망해 나를 밀어냈다는 것을 알아차리고 나서야 담임교사로서 부끄러웠다.

"우리 학예회 때 무용 하지 말까?"

내 말에 아이들이 한마디씩 거들었다.

"진짜 안 해도 돼요?"

"다른 학년 다 하는데요?"

"괜찮아요. 열심히 해볼게요."

진이는 정말 안 괜찮은 표정이었지만 나를 걱정하며 이렇게 말했다. 나는 "너네 때문에 교장 선생님한테 혼나겠다"라는 말을 장난처럼 입에 달고 살았었다. 아마 자기들만 무용을 하지 않으면 내가 혼날 거라고 생각했을지도 모르겠다.

"하기 싫으면 안 하면 되지. 대신 우리가 잘하는 거 하자."

그렇게 6학년은 무용을 무대에 올리지 않기로 결정했다. 이제 아이들은 완성도와는 관계없이 무용 수업에 참가했다. 그 후 아이들은 무용 수업이 끝나면 너무 웃어서 빨갛게 상기된 얼굴로 왁자지껄 떠들어대며 교실로 돌아왔다

"선생님, 오늘 재미없었는데 재미있었어요!"

그나마 다행이다.

덧붙이는 말

아이들과 무언가를 하다 보면 어른의 시점에서 판단하게 될 때가 있다. '이건 할 수 있지 않을까? 이건 애들이 좋아할 거야'라고 생각하고 진행하는 경우가 있다.

아이들은 어른의 기대감에 미치지 못했을 때 자신들만의 표현 방법으로 포기선언을 직접적이든 간접적이든 보여준다. 나에게는 적극적으로 포기선언을 했지만, 어른에게 '나 못하겠어요'라고 말하기에는 많은 용기가 필요할 것이다.

선생님으로서 아이들에게 가르쳐야 할 의무가 있지만 어느 정도 기본적인 것을 배우고 경험했다면 목표를 낮추고 잠깐 쉬어가는 것도 좋지 않을까?

잠깐 쉴 때만 보이는 풍경이 있으니까.

봄, 여름, 가을, 겨울,
내년에도 뒷산에 가고 싶어요

보고 느끼고 즐기고,
엉성한 다큐멘터리여도 기분은 좋으니까

자연은 예술의 씨앗이 될 거라는 확신을 가지고 봄에서 겨울까지 계절마다 두 시간은 뒷산에 가야겠다고 계획표를 짰다. 내가 언젠가 봤던 바다의 풍경은 시가 되었고 저녁에 보았던 별똥별은 노래가 되었다. 여행 중 봤던 나무 한 그루가 내 작은 스케치북에서 그림이 되었던 것을 생각하며 아이들도 자연을 그럴싸하게 기록하기를 바랐다. 오감을 통해 온몸에 변화하는 계절이 새겨지면 좋겠다고 생각하며 대단한 기획을 했다고 나 스스로를 칭찬하고 뿌듯해했다.

어림없는 생각이었다.

"쌤, 벌레가 물었어요!"

"우리 그냥 편의점 가서 아이스크림 먹고 가면 안 돼요?"

"어? 우리 옆집 할머니다!"

"야! 개미 죽이지 마!"

혼자 갔을 때는 조용하고 아름다웠던 마을 뒷산이 시끌벅적해졌다. 나무를 보며, 풀을 보며, 숲을 보며 사색하고 생각하기에는 어린 나이구나. 내 눈에 들어온 자연의 아름다움에 빠져 우리 반 아이들의 모습을 잠시 잊었다. 아름다운 풍경을 주의 깊게 바라볼 준비가 안 된 아이들을 보며 누굴 탓하겠나 싶었다.

그래도 기록은 해야겠다 싶어 아이들에게 식물을 하나씩 골라 자세히 보고 관찰한 내용을 꼼꼼히 적으라고 했다.

꽃이 피었다. 꽃은 흰색이랑 분홍색이다. 꽃잎은 다섯 개다. 잎은 연한 녹색이다. 잎이 작다. 꽃이 많이 피었다. 나뭇가지가 생각보다 매끈매끈하다. 나무 아래 개미가 있다. 꽃이 많이 피었다. 벚꽃같이 생겼다.

(나중에 인터넷을 검색해보고 적은 내용) 개복숭아나무-장미과 벚나무속 열매는 약용으로 쓴다.

예림이가 적은 글을 읽고 나는 당황스러워서 읽고 또 읽었다.

"벚꽃 닮았다고 했는데 벚나무 속이야! 봤냐? 맞췄지? 선생님, 근데 속이 뭐예요?"

내 속도 모르고 속을 물어본다. 내가 원했던 기록은 좀 더 감성적이고 몽글몽글하고 아름다움을 담아낸 예쁜 문장이었다. 아이들은 과학 관찰일지와 귀찮은 숙제 사이의 어중간한 글을 적어냈다. '복숭아꽃이 너무 예뻐서 가지를 꺾어다가 엄마에게 선물하고 싶었다. 하지만 꾹 참았다. 여름이면 꽃은 열매가 될 테니까.' 뭐 이런 글을 기대했던 내가 우스웠다.

여름부터는 마음을 편하게 가졌다. 아이들은 자연을 기록하는 과제는 빨리 끝내버리고 뛰어놀기 바빴다. 가는 길

봄, 여름, 가을, 겨울, 내년에도 뒷산에 가고 싶어요

에 편의점에 들러 음료수를 하나씩 손에 들고 숲길을 걸었다. 긴 나무 막대기를 주우면 지팡이가 되기도 하고 칼이 되기도 했다. (아직도 시골 애들은 막대기로 칼싸움하면서 논다.) 나뭇가지를 보고 내가 뱀이라고 소리치면 아이들은 놀라서 막 뛰었다. 깔깔 웃는 나를 보며 아이들은 화를 냈다.

가을에는 전학 온 진이에게 아는 체하기 바빴다.

"이건 개복숭아 나무야."

"여기는 민들레가 피었었어."

"이건 편백나무야. 봄보다 나무가 좀 두꺼워졌다!"

진이는 뭐가 신기한지 아, 오, 와 하며 감탄사를 연발했다.

그렇게 슬렁슬렁 잡담하며 산책하면서 여름과 가을을 보내고 나니 전교생이 각자 자기가 관찰한 것을 정리해서 발표하기로 한 날이 코앞으로 다가왔다. 아, 다급해진 담임이여! 아이들이 끄적끄적 적어 놓은 작은 수첩에는 마을 할머니를 만났다. 오늘 선생님이 아이스크림을 사줬다, 이런 내용이 가득했다.

다른 반 아이들이 PPT에 관찰 일지와 사진과 자료를 잔뜩 모아 넣고 있을 때쯤 아이들과 나는 심각한 표정을 지

145

으며 회의를 시작했다. 딱히 발표하고 싶은 사람도, 자료를 정리하고 싶은 사람도 없었다. 동생들보다 부족한 결과물이 나올까 아이들이 전전긍긍하고 있을 때 진이가 말했다.

"쌤, 그냥 영상 하나 만들죠? 내레이션 넣으면 되니까 별로 창피하지도 않고 멋있게 보일 거 같은데요."

아이들의 눈동자가 진이 쪽으로 한 번, 내 쪽으로 한 번 왕복하더니 음흉하게 웃었다.

"선생님, 우리 영상 다 찍어놨죠?"

결국은 또 내 일이다. 아이들은 영상으로 발표를 하면 선생님이 할 것이라고 기대했을지도 모른다. 그래도 자기들 발표인데 내가 하나부터 열까지 다 해줄 수는 없어 노트북 옆으로 모두 모이게 했다. 계절별로 영상을 돌려보고 아이들의 손끝이 가리키는 것을 골라 옮겨 담았다. 그리고 영상의 순서를 정했다. 영상을 보며 무슨 말을 할까 고민하고 공책에 꾹꾹 눌러 쓰고는 나에게 어떠냐고 물어보았다. 나는 웃으며 너무 좋다고 말해줬다. 핸드폰 녹음기를 켜서 아이들의 목소리를 담고 영상에 끼워 맞춘 뒤 자축하며 모두 함께 뿌듯해했다.

진: 이곳은 학교 뒤 마을 숲입니다. 저는 6학년 최진입니다. 전학을 와서 봄과 여름에 마을 숲은 보지 못했습니다. 하지만 가을의 숲은 저를 신나게 했고 그날 친구들이 저에게 설명해준 것처럼 지금부터 친구들이 설명해 줄 것입니다.

준, 예림: 이 나무는 개복숭아 나무입니다. 봄에는 벚꽃처럼 연분홍 꽃이 핍니다. 나뭇잎은 거의 없었습니다.
여름에는 열매가 열리기 시작했습니다. 너무 일찍 가서 열매는 해바라기씨 초콜릿 정도 크기였습니다. 좀 더 큰 열매를 보고 싶었는데 아쉬웠습니다.
가을에는 나뭇잎밖에 없고 나뭇잎을 벌레가 갉아 먹었습니다. 바닥에는 작은 열매씨앗 같은 게 있었습니다. 지나갈 때마다 무슨 꽃인지 궁금했는데 이번 체험학습을 통해 친구들이나 친척들에게 저 나무는 개복숭아 나무야, 라고 자신 있게 이야기할 수 있게 되었습니다. 내년, 꽃이 피고 열매가 열리는 날이 기다려집니다.

봄, 여름, 가을, 겨울, 내년에도 뒷산에 가고 싶어요

윤빈: 봄에는 나무 크기가 작아서 편백나무 같지 않았습니다. 그리고 편백나무 열매가 많이 열려 있었습니다. 여름에는 큰 변화가 없었고 넝쿨이 나무를 많이 감았습니다. 가을에는 크기가 커졌고 넝쿨이 더 감고 올라갔습니다.

마을 숲이 잘 보존되어 십 년 뒤 편백나무가 더 커졌을 때 다시 한 번 보고 싶습니다. 그때는 제가 안을 수 없을 정도로 굵어졌으면 좋겠습니다.

정혜: 민들레는 봄, 여름, 가을, 겨울 다 꽃을 볼 수 있었습니다. 봄, 여름, 가을에 민들레 씨도 볼 수 있었습니다. 그래서 신기했습니다. 저는 민들레가 좋습니다.

지혁: 저는 산딸기를 관찰했습니다. 줄기에는 가시가 있고 잎은 뾰족했습니다. 봄에는 하얀 꽃이 피었습니다. 여름에는 열매가 열렸는데 빨간색이었습니다. 열린 지 오래돼 먹지는 못했습니다. 후박나무도 관찰했습니다. 잎이 크고 여름에는 작은 녹색 열매가 많이 달려 있었습니다. 먹어보고 싶었는데 선생님이 맛없다고 해서 먹어보진 않았습니다. 가

을에는 바닥에 떨어진 보라색 열매들의 흔적이 있었습니다.

진: 숲은 계절마다 많은 변화가 있었습니다. 저는 앞으로 이 숲이 어떻게 변할지 궁금합니다. 어른이 돼서 친구들이랑 다시 한 번 오고 싶습니다.

아이들이 솔직하게 써 내려간 이야기에 영상을 담아 우리는 전교생 앞에서 상영을 했다. 어수선한 발표행사가 조용해지는 순간이었다. 생태 이야기가 충실하게 담긴 것도 아니었고 그렇다고 문학적으로 잘 쓴 내레이션도 아니었지만 영상과 합쳐지니 꽤 멋진 결과물이 되었다. 자신의 목소리가 나올 때면 아이들은 얼굴이 빨개져서 귀를 막았다. 동생들은 영상에 집중했다.

"역시 6학년이네. 정말 멋진 영상이다. 너희가 제일 잘했어!"

작년 담임선생님이 지나가며 아이들에게 칭찬을 해줬다.

발표가 끝나고도 일주일간 우리 반 아이들의 요청으로 쉬는 시간마다 영상을 몇 번이고 다시 봤다. 우리는 졸업하고 어른이 되어 마을 숲에서 다시 만나자고 약속했다.

그 약속에 나도 넣어주어 고마웠다.

멀리서 보면 잘 모르지만 가까이에서 자세히 들여다보면 자연은 아이들만큼이나 빠르게 변한다. 자연을 관찰하고 탐구하고 정보를 찾아 지식을 기록하는 것도 중요하다. 하지만 자기만큼이나 느린 듯 빠르게 변하는 잎사귀와 줄기를 보며 자신의 생각과 감정을 꾹꾹 눌러 담은 이야기도 소중하다.

식물을 보며 '이건 쌍떡잎이고 이건 외떡잎이다'라고 분석하는 것도 중요하다. 그리고 어른이 되어 어린 시절 보았던 나무를 안아보고 재어보겠다는 말도 더없이 사랑스럽고 소중하다.

자연은 예술의 씨앗이 된다. 우리는 다큐멘터리 영상으로 결과를 만들었지만 어떤 결과물이든 상관없다. 그림을 그리고 싶은 아이는 그림을 그리고 글을 쓰고 싶은 아이는 글을 쓰면 된다. 사진을 찍고 싶은 아이는 사진을 찍게 하고 몸으로 표현하고자 하는 아이는 몸으로 표현하게 하자. 자신의 눈과 코와 손끝으로 느낀 것을 자신이 고른 그릇에 담아낼 기회를 주자.

자신이 고른 그릇 안에 채울 내용도 아이들이 고를 수 있도록 기다려주자. 이것 좀 봐라, 저것 좀 봐라, 하며 아이들의 시선을 방해하는 어른이 되어서는 안 된다. 어떤 아이는 어른이 밟고 지나간 작은 풀에 시선이 가고 또 어떤 아이는 풀숲에 숨은 작고 빨간 열매에 마음을 빼앗길지도 모른다. 아이가 쪼그려 앉아 뭔가를 보고 있으면 옆에 쪼그려 앉아 함께 보자. 뭘 보는지, 왜 보는지 살짝살짝 물어보자. 계절에 따라 달라지는 작은 변화를 기록하다 보면 어느 순간 작은 변화가 아니었다는 걸 느낄 것이다. 자연의 변화만큼이나 훌쩍 커버린 아이들을 보는 것은 교사에게 벅찬 감동을 주기도 한다.

1년 동안 차곡차곡 쌓아 만든 소중한 결과물은 아이들의 기억에 남아 마음속에 작품으로 자리 잡을 것이다.

선생님, 제가 책 추천해드릴게요

독후감이
독서 활동의 전부는 아니다

"초원 그릴 거야!"

"무슨 초원이요?"

"푸른 사자 와니니 배경!"

교실을 가로지르는 긴 종이를 꺼냈다. 처음에 아이들은 서로 구역을 나눠 색을 채워 나갔다. 선을 넘어왔다고 짜증을 내기도 하고 좁다고 불평하기도 했다. 시간이 지날수록 그림의 경계는 무너졌다. 서로 무슨 장면을 그리는지 물어보고 답하고, 장면이 겹치지 않는 정도에서 끝나나 싶더니 윤빈이가 정혜에게 이야기했다.

"여기에 하이에나가 있으면 정말로 책 속에 있는 그림 같을 거 같아."

정혜는 흔쾌히 자기 자리를 비켜주었고 작은 공간에 윤빈이의 하이에나 그림이 채워졌다.

그림이 완성되었을 때, 긴 종이 위에 그려진 그림을 보고 있으니 동화책 한 권을 읽는 기분이었다.

찰흙으로 사자 만들기

조그마한 지점토를 조몰락거리며 사자를 만드는 건 내

성에 차지 않았다. 거대한 옹기토를 사서 반죽을 한 뒤 아이들에게 나눠줬다.

"나 이렇게 큰 찰흙 처음 봐!"

"와니니 속 사자들을 만들어 보자."

아이들의 작은 손에서 찰흙으로 만든 사자 머리가 나오고 팔다리가 나오고 꼬리가 나왔다. 준이는 갈기를 만들고 다리를 접더니 힘없어 보이는 수사자를 만들었다. (동화책 속 주인공은 용감한 암사자다.) 예림이는 한참 뒷다리를 열심히 만지더니 결국 암사자를 세웠다. 동화책에서 봤던 사자들이 고스란히 아이들 손에서 태어나 교실 뒤에 쭉 진열되었다.

다른 반 아이들을 불러 보여주기도 했다. 지금까지 만들어 보지 못한 크기의 웅장한 사자는 아이들의 자랑이었다.

PS. 마르는 과정에서 두 동강 나버린 사자를 보며 예림이는 내 탓이라며 한참 동안 나에게 화를 냈다.

다른 반 선생님께 책 소개하기

보통 공개수업이라고 하면 수업하는 선생님이 긴장하기 마련이다. 그런데 내가 공개수업을 하면 참관하시는 선생님이 긴장하곤 한다. 참관하시는 선생님을 관찰자가 아닌 수업 참여자로 끌어들이는 수업 방식 때문이다.

독서의 마무리 단원. 지금까지 동화책을 읽으며 해왔던 이런저런 활동을 다시 꺼내 보고 회상하고 서로 퀴즈도 내면서 동화책을 처음부터 끝까지 마음으로 읽었다.

그리고 수업의 하이라이트! 아직 동화책을 읽어보지 않은 선생님들을 교실로 초대해 아이들이 선생님께 책을 소개해 주는 시간이 왔다(내가 보기에는 소개보다는 꼭 읽으라는 협박에 가까웠지만). 아이들은 선생님께 줄거리를 설명하기도 하고, 마음에 드는 구절을 읽어주기도 했다. 느낀 점을 차근차근, 서툴지만 진심을 담은 문장으로 풀어냈다.

지혁이는 5학년 때 담임선생님 앞에 앉았다. 한참 말을 고르더니 자신의 생각을 천천히 이야기하기 시작했다. 감격스러운 순간이었다. 작년에 지혁이 담임을 했던 선생님은 눈이 동그래져 나를 쳐다보았다.

사실 다른 선생님이 보는 공개수업 자리에서 지혁이가 그렇게 활동에 참여해 줄 거라고는 기대를 안 했었다. 평소 수업 시간에도 입을 꼭 다물고 있는 아이라 공개수업 때 엎드리지만 않으면 좋겠다고 생각했었다.

지혁이는 그 책을 두 번이나 읽었다. 전 담임선생님께 책을 소개해 주고 싶은 마음을 자신의 문장으로 드러낸 건 지혁이 마음에 동화책이 크게 자리를 잡았기 때문이 아닐까?

"선생님도 꼭 이 책을 읽어보면 좋겠어요."

마지막 말을 마치며 지혁이는 작은 봄꽃처럼 웃었다. 나도 전 담임선생님도 지혁이를 바라보며 활짝 웃었다.

PS. 동화책 속 주인공은 다른 사자들보다 작아 무시를 당했다. 하지만 주인공은 친구들과 함께 모험하며 결국 늠름한 초원의 왕이 되었다.

책이 마음에 들어 두 번이나 읽은 지혁이(평소에는 정말 책을 안 읽는다). 주인공의 모습 속에서 자신을 발견했다면 지혁이도 더 멋진 모습으로 성장하지 않을까?

덧붙이는 말

독후감, 독후감상화. 나는 이런 것을 별로 선호하지 않는다. 어쩐지 아이들에게 질보다는 양을 요구하는 느낌이고 무엇보다도 애들이 재미없어 한다. 내가 교육보고서를 쓸 때와 같은 표정으로 영혼 없이 연필을 움직인다. 줄거리를 쭉쭉 써 내려간 후 '참 재미있었다'로 마무리하는 똑같은 형식의 독후감은 아이들에게도, 읽어야 하는 나에게도 곤혹스러운 과제다.

개인적으로는 책을 읽고 깊이 있는 대화를 나누는 게 가장 좋다고 생각한다. 하지만 일반적으로 스무 명이 넘어가고 서른 명 가까이 되는 교실에서 한 명 한 명과 책의 내용으로 대화하기란 쉽지 않다. 그렇기에 독후 활동이 필요하고 과제로서 독후감이나 독후화가 아닌 소통의 시간이 필요하다.

아이들의 느낌과 생각이 온전히 담길 수 있는 활동이 필

선생님, 제가 책 추천해드릴게요

요하다. 아이들은 저마다 다르기에 자신의 생각을 가장 잘 담아낼 수 있는 활동도 모두 다르다.

아이들은 각각 표현 능력도 선호도도 다르다. 노래를 부르는 게 편한 아이가 있고, 그림이나 글 또는 몸으로 표현하는 게 편한 아이도 있다. 여러 가지 활동을 진행하는 건 그만큼 아이들의 마음을 잘 나타낼 수 있는 기회를 주는 것이다. 아이들이 진솔하게 표현한 만큼 교사와의 소통과 교감은 깊어질 것이다(결과물에 대해 아이와 대화를 나눈다면).

독후 활동은 꼭 책을 다 읽은 다음에 할 필요는 없다. 재미있는 부분이 나왔다면 멈추고 즉시 하자. 아이들은 그 장면에서 느꼈던 솔직한 감정을 고스란히 표현할 것이다. 선생님도 그림그리기나 몸으로 표현하기나 글로 쓸 때 함께 참여한다면 아이와 선생님 사이에 대화가 활짝 피어날 것이다.

선생님, 또 노래 만들어주세요

흥얼거림이 모여
노래가 된다

음악부 아이들과 노래를 함께 만들었다. 음악부 아이들은 자랑스럽게 부르고 다녔다. 그것을 지켜본 우리 반 아이들은 흥미로워했다. 완성도 높은 노래는 아니지만, 뭐 어떤가. 아이들은 직접 만들었다는 사실을 매우 자랑스러워했다.

"우리도 노래 만들어줘요!"

예림이가 음악 시간에 내 옆으로 와 씩씩거렸다. 우리 반에서는 노래를 만들어주지 않은 게 분하다는 듯이. 무슨 내용으로 노래를 만들고 싶냐는 내 물음에는 고개를 갸우뚱

했다. 나는 다시 질문을 고쳐 물었다.

"지금 무슨 생각해?"

"남자애들 육상 연습 빨리 끝내고 와서 수업 시작하면 좋겠어요."

점심시간, 아이들은 군 육상대회를 앞두고 한참 체육 담당 선생님과 연습 중이었다.

정 선생님 빨리 준이 지혁이 보내주세요~

예림이가 기다려요

윤빈이가 기다려요

정혜가 기다려요

빨리 수업 시작하고 싶대요

정 선생님 빨리 준이 지혁이 보내주세요~

나는 기타를 집어 들고 아무 코드나 잡고 연주하며 나오는 대로 멜로디와 가사를 만들어 불렀다. 윤빈이와 정혜도 어느덧 내 옆에 와서 낄낄거리고 있었다.

"그게 무슨 노래예요? 그렇게는 나도 하겠다."

"맞아, 이렇게 하면 노래야. 너도 할 수 있어."

"준이랑 지혁이 오면 우리 음악 시간에 진짜로 노래 만들어요. 이번에는 우리가 가사를 쓸 거예요."

예림이는 창문을 열고 소리쳤다.

"야! 빨리 오라고! 우리 노래 만들 거야!"

나도 가사 쓸 수 있을까?

조금만 더 솔직하게 이야기해봐.

노래가 될 테니까

예림이가 노래를 만들어 달라고 했지만, 노래는 내가 만드는 게 아니라 아이들 몫이었다. 아이들은 옹기종기 모여 앉아 어떤 이야기로 노래를 만들어야 할까 한참 동안 고민하다가 나를 쳐다봤다. 도와달라는 눈빛이었다.

"요즘 가장 재미있는 일이 뭔데?"

"과학 선생님이랑 도움반 선생님이랑 사귀는 거요!"

정말로 재미있는 이야기였다. 나는 아이들이 흔한 노래의 소재인 사랑 이야기를 어떻게 풀어낼지 흥미롭게 지켜보았다. 우리 반 아이들에게 가장 먼저 들킨 연애인 까닭에 아이들이 노래를 만들어 부르다가 서동요처럼 되지 않을까 걱정스러웠다. 아이들은 익명성이 보장되어야 할 것 같다며 선생님들 이름은 빼고 노래를 만들었다(결국에는 선생님들의 사랑 노래라는 게 학교 전체에 소문이 났지만).

아이들이 노래를 만드는 과정은 한 편의 이야기를 만드는 과정과 같았다.

"처음 듣는 사람을 위해서 인물 소개부터 해줘야 하는 거 아니야?"

"소개하고 그 다음 가사는 뭐라고 써야 하는데?"

아이들은 다시 나를 쳐다봤다. 요즘 유행하는 섬세한 사랑 노래처럼 구구절절한 가사를 바라는 걸까? 사실 나도 그런 가사는 쓸 수 없을뿐더러 아이들이 그렇게 가사를 써서 부르기는 원치 않았다. 아이들에게 두 분을 보면 어떤지 물어봤다. 웃긴다는 준이, 재미있다는 예림이, 결혼했으면 좋겠다는 정혜. 나는 칠판에 아이들 이야기를 적어나가기 시작했다. 꼬마 작사가들의 말로 칠판이 채워지기 시작했다.

가사가 완성되기 전에 코드 진행을 만들고 멜로디를 만들기 시작했다. 방과 후 수업, 동아리, 음악 시간을 통틀어 아이들이 배운 코드라 해봐야 C, G, Am, F. 이 네 개의 코드를 가지고 조합을 했다. 내가 어쿠스틱 악기로 이루어진 인디밴드 음악을 자주 틀어준 탓인지 아이들은 악기를 하나씩 연주하기를 원했다.

바이올린과 우쿨렐레를 창고에서 찾아오고 먼지 쌓인 피아노 뚜껑을 열어 청소를 했다. 옆 반에서 멜로디언과 실로폰을 들고 왔다. 젬베와 카혼, 쉐이커를 펼쳐놓고는 각자 악기를 골랐다.

코드를 연주하는 것부터 시작해서 한마디, 한마디씩 멜로디를 만들어 나갔다. 가사를 짜 맞춰 넣고, 바이올린과 멜로디언으로 멜로디에 힘을 실어주었다.

지혁이는 열심히 타악기를 두들기며 전체를 지휘했다. 준이는 난생처음 만지는 우쿨렐레를 들고서 쉬는 시간과 점심시간에 연습을 하더니 마침내 실수 없이 연주를 하게 되었다.

놀랍게도 나한테 메인보컬을 시켰다. 자기들은 악기를 연주하느라 노래를 부를 수 없다는 게 이유였다.

"제목은 어떤 남자와 여자의 사랑 이야기. 줄여서 어남여사!"

엉성하지만 제목을 정해놓고 세 시간 정도 투자해서 노래를 완성했다. 아이들은 두 선생님을 초대해 두 사람 앞에서 연주를 했다. 두 사람은 뜨악한 표정으로 우리를 바라봤다. 메인보컬인 나는 멋쩍게 웃을 수밖에 없었다.

180이 좀 안 되는 남자 키가 크고 예쁜 여자

둘이 만나 사랑을 했다네

둘을 보면 웃긴다네

둘을 보면 재밌다네

달달하다네

보기 좋다네

둘이 잘됐으면 좋겠다

둘이 행복했으면 좋겠다

둘이 평생 가면 좋겠다

둘이 결혼했으면 좋겠다

안 그러면 다 소문낼 거야

다 소문낼 거야

학예회에서 무용을 포기한 우리 학년은 다른 학년보다 공연을 하나 더 만들어야 했다. 모두가 고민하고 있을 때 전학생, 우리의 다크호스 진이가 이렇게 말했다.

"1학기 때 노래 만들었다고 들었는데, 또 노래 하나 만들어서 공연하죠?"

준이는 기타도 잘 치고 드럼도 배웠다고 했다. 그리고 넓은 음역대의 맑은 목소리에다 남들 앞에서 주눅 들지 않는 무대 체질이었다. 나는 준이 말을 듣고 다른 아이들 눈치를 살폈다. 음악 시간만큼은 적극적인 지혁이도 고개를 끄덕였고 다른 아이들도 표정에 구김이 생기지 않는 걸 보니 이보다 더 좋은 생각은 없는 듯했다.

이미 노래를 한 번 만들어 본 아이들은 나에게 눈길을 주지 않고 서로의 눈을 마주 보았다. 어떤 내용의 노래를 만들지는 이미 정해진 듯했다.

어느새 쌀쌀한 바람이 불어오는 가을, 아이들은 날씨에서 졸업이 다가옴을 느끼고 있었다. 졸업을 앞둔 자신들의 이야기를 하고 싶다고 했다.

각자 포스트잇에다 선생님께, 친구들에게, 동생들에게

하고 싶은 말을 한 문장씩 적기 시작했다. 문장이 모여 문단이 되고 문단이 모여 이야기가 되었다.

자기 졸업식도 아니면서 매년 오열했던 준이가 자신의 졸업식에서도 울지가 관건이었고, 항상 울었던 동생들이 이번에도 울지 궁금해했다. 선생님을 꼭 울리겠다는 다짐도 있었고(잘 참았는데, 준이도 나도 헤어지기 전에 펑펑 울었다.) 작년 담임선생님과 다른 선생님께 감사 인사를 담은 문장도 있었다.

윤빈이가 작은 글씨로 쓴 포스트잇에는 이렇게 적혀 있었다.

'1년만 늦게 태어났다면 학교를 1년 더 다닐 수 있을 텐데 아쉽다.'

그 문장을 읽을 때 나도 아이들도 숙연해졌다. 이별이 다가왔음을 실감하는 문장이었다.

"학예회 공연이라 다행이에요. 졸업식에 이 노래 부르라고 하면 울 것 같아서 못 부르겠어요."

준이가 애써 웃으며 장난스럽게 이야기했다.

1학기 때처럼 악기를 들고 노래를 차근차근 만들어 갔

다. '어남여사'를 만들 때와는 다르게 숙연함과 진지함이 교실을 가득 메웠다.

준이는 울까 친구들은 울까

동생들은 울까 선생님은 울까

동생들아 많이 도와줘서 고맙고 미안해

다음에 다시 만나도 친하게 지내자

벌써 졸업이라니 실감이 안 나

내년에는 어떨지 기대되지만

한편으로 조금은 아쉽기도 해

1년만 늦게 태어났다면

○○이는 울까 ○○이는 울까

○○이는 울까 지혁이는 울까

○○쌤 작년 담임이라 정말 좋았어요

○○ 내년 군대 가도 나중에 만나요

벌써 졸업이라니 실감이 안 나

내년에는 어떨지 기대되지만

한편으로 조금은 아쉽기도 해

1년만 늦게 태어났다면

선생님, 오늘은 뭐 하고 놀아요?

덧붙이는 말

　사실 노래를 만들기란 쉬운 일이 아니다. 나는 어릴 때부터 이런저런 악기를 만지며 놀았고 실력이 훌륭하지는 않지만 지금까지 꾸준히 기타를 쳐왔기에 할 수 있었는지도 모른다. 그렇기에 선생님들께 '아이들이랑 노래를 만드세요'라고 제안할 수는 없다. 하지만 합주나 노래 가사 바꾸기는 한 번쯤 해보기를 권유한다.

　아이들은 자신의 이야기를 노래로 부르며 행복해한다. 아이들에게 기성 가요를 부르게 하기는 조금 꺼림칙하다. 가사가 아이들 마음에 와닿기는 할까? 아무리 좋은 동요라도 요즘 아이들은 시시하다고 생각한다. 그런 터라 자신이 만든 노래가 새롭게 다가올 것이다.

　가사를 쓰면서 자신을 돌아보기도 하고 친구의 가사를 보며 친구를 이해하기도 한다. 동시에 교사에게는 아이들 마음을 훔쳐볼 수 있는 기회가 생긴다.

노래를 만드는 과정은 체계적으로 이루어지기보다는 음악 시간이 맞나 싶을 정도로 헐렁하고 어수선한 게 더 좋다. 오히려 국어 시간보다 더 많은 대화를 하게 된다. 어른들이 볼 때는 말이 안 되는 문장이라도 왜 그 문장이 나왔는지 최대한 이해하며 수용해주자. 세계 최고의 작사가나 작곡가를 만드는 게 우리의 목표가 아니다. 내일 당장 무대에 오를 싱어송라이터를 만들려고 음악수업을 하는 건 아니지 않은가.

가사를 만들고 멜로디를 만들며 음악의 성을 쌓는 과정은 아이들과의 관계에 있어서도 꽤 가치 있는 일이다. 서로의 이야기를 조율해서 하나의 이야기를 만들기는 쉽지 않다. 나는 그걸 해내는 아이들을 보며 대단하다고 생각했다. 어느 순간 함께 음악을 만드는 과정에서 '함께'라는 말에 아이들은 집중하기도 한다. 조금 느린 아이를 위해 박자를 늦추기도 하고, 어려운 멜로디 부분의 악기는 쉽게 변주하기도 한다. 서로 높은음과 낮은음의 부족한 부분을 채워주며 함께 부른다.

아이들이 함께 부르는 노랫소리가 교실을 넘어 복도까지 울려 퍼지는 음악 수업은 아름답다. 더구나 자신들의 이야기로 가득 찬 음악 시간은 최고로 아름답다.

선생님, 창피하지 않아요?

연극이 생소한 아이들,
기꺼이 망가지는 선생님

예전에는 없던 연극 단원이 국어 교과서에 통째로 들어 왔다. 그러니까 한 학기에 10시간 가까이 연극을 배워야 한 다는 소리다. 내게도 아이들에게도 연극이란 너무 생소한 장르였다. 연극을 해본 경험도 없고 연극을 관람해본 적도 없는 아이들은 쑥스러움과 두려움 때문인지 애써 교과서를 외면했다.

"우리 다음 시간부터는 연극 단원 할 거야."

"......"

"표정이 왜 그래?"

"대사 외우기도 힘들고, 친구들 앞에서 연기를 어떻게 해요…."

예림이가 못마땅한 표정으로 한마디 했다. 나름 예의를 갖추느라 꾹꾹 감정을 누르고 있다는 게 다 보였다. 쉬는 시간이었으면 나에게 소리를 질렀을 게 분명하다.

아침 시간에 일부러 연극 영상을 틀어주기도 했지만, 아이들은 여전히 연극에는 관심이 없었다. 시큰둥해하며 다른 영상을 틀어 달라고 조르기 일쑤였다. 그렇다고 배우지 않고 건너뛸 수 없는 것이 학교의 현실이기에, 일단 아이들을 웃게 만들어야겠다고 생각했다.

아이들을 교실 뒤편에 앉혀놓고 그 앞에 섰다.

"선생님은 너희가 꾸며낸 모습으로 연기를 해야 한다고 생각하지 않아. 그저 솔직한 너희의 모습을 보여주면 좋겠어."

사실 말은 거창하게 했지만 연극에 대한 내 기억도 유치원 때 쥐 역할을 했던 게 전부였다. 그렇다고 연극 이론에 대해 잘 알고 있는 것도 아니었다. 배운 거라곤 지도서 몇

선생님, 창피하지 않아요?

장에 담긴 뻔한 내용과, 교대생 시절 졸린 눈으로 꾸역꾸역 수강했던 국어과 수업이 전부. 그나마 국어과 수업 내용은 기억도 나지 않았다. 나는 필사적으로 대학 시절 관람했던 연극들을 떠올리기 시작했다. 그러다 문득 이런 생각이 들었다. '나조차 연기 수업을 피하고 싶어서 이러는 게 아닐까?' 아이들에게 솔직한 표현을 요구하려면, 나부터 솔직해져야 했다.

아이들은 자기들 앞에 서 있는 긴장한 어른을 보며 눈동자만 굴렸다. 뭘 하려는 것인지 전혀 모르겠다는 표정이었다.

나는 연기를 해볼 생각이었다. 혼자, 무대도 아닌 교실 바닥에 덩그러니 서서. 대사 한 마디라도 진심을 담아서 해보자고 다짐했다.

"오늘 선생님 좀 잘생기지 않았니?"

고민하고 고민해서 나온 대사가 겨우 잘생김 구걸이라니. 그것도 연극처럼 해보겠다고 손가락으로 턱을 쓸어 만지고 눈썹을 그럴싸하게 찡그리며 목소리는 무겁게 깔고서.

애들 입꼬리가 씰룩쌜룩하더니 웃음을 터트렸다. 나는 창피함에 얼굴을 감싸 쥐었다.

"쌤! 그게 무슨 연극이에요!"

"또 해봐요. 이번에는 슬플 때! 아니 아니, 화난 연기!"

예림이가 제일 신나 했다. 아마 복도 끝 가장 멀리 있는 반까지 들렸을지도 모른다.

이미 엎질러진 물이니 아이들 앞에서 나는 열심히 재롱을 피웠다. 〈햄릿〉에 나오는 '죽느냐, 사느냐, 그것이 문제로다.'라는 대사도 해보고, 좋아하는 여성에게 고백하는 연기도 했다. 숙제를 안 해온 아이에게 큰소리를 치며 화를 내는 연기도 했다. (그동안 내가 화내는 걸 본 적이 없는 아이들은 내가 화내면 무섭겠단 생각을 했다고 한다.)

아이들은 그런 나를 보며 웃느라 쉬는 시간도 건너뛰었다.

'그래, 웃었으면 됐지. 재미있었으면 됐다!'

앞으로 연극은 내가 아닌 너희가 하겠지. 다음번에 너희가 할 때는 내가 비웃어 줄 테다. (학예회 때 나도 같이 무대에 오를 줄은 몰랐다.)

PS. 예림이가 학예회 무대에 연극을 올리자고 할 줄은 몰랐다. 본인이 극본도 쓰고 연극 속에서 연극을 하는 역할을 했다. 교사로서 '아, 내가 잘 가르쳤구나' 자만심이 불끈 솟구쳤다.

연극이란 장르가 생소한 이들이 많을 것이다. 나 역시 연극과 친하지 않다. 주변만 봐도 연극을 본 적 없는 어른들이 꽤 있다. 이런 세상에서 아이들에게 연극을 가르치기란 어렵다. 그러나 학교 현장에 들어온 연극의 목적이, 아이들을 유명한 연극배우로 키우려는 것은 분명 아닐 것이다. 연극 자체를 즐기고 연극에 대해 경험해보는 것, 실제로 연기를 해보는 과정을 통해 조금 더 진솔하게 자신을 표현할 수 있는 사람이 되도록 하는 것이 목적이 아닐까?

그래서 나는 아이들에게 대본을 외우게 하고 싶지 않았다. 자신의 세상을 표현하게 해주고 싶은 생각에서였다. 무엇보다 연극에 대한 흥미를 느끼게 하자는 마음이 컸다.

내가 아이들 앞에서 연기할 때 아이들은 나를 보며 진심으로 웃어주었고, 연극에 관심을 보이기 시작했다. 그 정도면 첫 수업으로 충분했다고 자평했다. 처음치고는 훌륭하다고 생각하며 용기를 얻었다.

아이들이 이해 못 할 대본을 가져와 외우게 하고 표정 연기를 지적하며 가르치는 것은 어쩌면 억압일지도 모른다. 그러니 선생님이 조금 더 편안해지고, 조금 더 뻔뻔하게 망가져 보면 어떨까. 아이들도 어른들도 생소한 연극이기에 무척 부끄럽겠지만, 조금만 멀리 보면 당장의 부끄러움보다는 아이들이 연극에 갖는 관심이 더 중요할 테니까.

대사가 너무 길어서 못 외우겠어요

네가 하고 싶은 이야기,
그게 바로 대사야

한참 연극 수업이 진행되었을 때. 1학기를 마무리하며 우리는 직접 연극을 해보기로 했다. 교과서와 참고자료에 나오는 대본을 보고 나서 아이들의 얼굴이 일그러졌다.

"이거 읽어요?"

"연극을 해야지!"

"그럼 외워요?"

"그래야 하지 않을까?"

"아아악!!!"

예림이는 내용이 마음에 안 든다며 투덜거렸고, 지혁이는 입을 꾹 닫았다. 정혜는 신이 나서 시도했지만 대사를 계속 틀리는 바람에 의기소침해졌고 윤빈이는 신문 읽듯 딱딱하게 대사를 읊었다.

나는 대본을 펼치고 나서 5분도 지나지 않아 얼굴을 찌푸리며 아이들에게 말했다.

"책 덮어라."

연극 단원을 처음 들어갈 때 즐거웠던 시간들이 손을 흔들며 학교 밖으로 나가는 것 같았다. 이대로 가다가는 2학기에는 연극을 안 하겠다는 말까지 나오게 생겼다. 누구는 대사와 내용이 잘 이해가 안 돼서, 누구는 내용이 마음에 안 들어서, 누구는 자기가 주인공이 아니어서, 누구는 대사를 못 외워서 재미없는 연극 시간이었다. 재미없는 이유는 정말 많은데 재미있는 이유는 거의 없었다.

"그럼 너희는 어떤 연극 하고 싶어?"

"우리가 직접 만들어요!"

"그럼 돌아가면서 이야기해보자. 무슨 이야기로 연극을 만들까?"

"아, 또 지혁이 말 안 한다! 빨리 생각해!"

"맞다! 지혁이가 말을 안 하니까 생각으로 말하는 연극 하자."

"어? 그게 뭐예요?"

수업 시간에 나와 예림이가 주고받은 말이다. 누가 보면 이게 무슨 수업일까 싶을지도 모른다. 안 그래도 연극에 거부감을 갖고 있는데 수업 형식에 맞추어 '말해봐, 발표해봐!' 해봤자 아이들 얼굴만 일그러질 게 뻔하다. 교실 뒤 매트에 누워 뒹굴뒹굴하며 대화를 계속 이어나갔다. (다른 선생님들이 보면 당황스러울 수 있겠지만 가장 편한 자세에서 가장 편하게 이야기를 나눌 수 있다는 생각에 종종 누워서 수업을 했다.)

"지혁이가 주인공이고, 말을 안 하면, 끝까지 말을 안 하는 거야?"

"아니죠, 마지막쯤에는 대사가 있어야죠!"

"왜 말을 안 하다가 말을 하는데?"

"음… 아마 자신감이 생겨서 아닐까요?"

"그 자신감은 어떻게 생기는 걸까?"

그렇게 한 시간 정도 이야기를 나누자 얼추 대본이 나왔

대사가 너무 길어서 못 외우겠어요

다. 아이들은 각자의 역할을 스스로 만들었다. 놀랍게도 지혁이의 내면을 이야기하는 지혁1, 지혁2가 지혁이 대신 행동하고 대사를 하기로 했다.

아이들이 극본을 쓰는 과정은 거침이 없었다. 나는 거의 개입을 하지 않았다. 복선도 만들고 기승전결이 갖춰지며 탄탄해졌다. 주제와 의미까지 담긴 훌륭한 대본이 만들어졌다.

"선생님, 대사는 어떻게 할까요?"

윤빈이가 물었다. 다들 나를 쳐다보는 모양새가 모든 아이의 고민인 듯했다.

연극을 가르쳐본 선생님들은 아실 텐데, 아이들의 연극 톤이 있다. 발표와 대사 그 사이 무미건조한 억양. 대사를 정해주는 순간 타고난 아이가 아닌 이상 어색함에서 벗어날 수 없을 것이다. 그렇기에 나는 아이들에게 대사를 따로 정해주지 않았다. 상황 속으로 아이들을 집어넣었다.

주어진 대사 없이 아이들은 여러 번 상황 속에서 즉흥 대사를 했다. 나는 아이들이 말하는 내용을 받아 적었다. 아이들이 하는 대사를 받아 적고 고치기를 반복했다. 아이들은 대사를 하고 나서 깔깔거리다가 얼굴을 찡그리며 한참 동안 고민한 뒤 "선생님, 이 부분 대사 다시 할게요." 라며 나름 배우 티를 냈다. 신중하게 동선을 생각하기도 하고, 아무것도 없는 허공에서 물건을 만들어내기도 했다.

그렇게 연극의 싹이 트고 꽃이 피었다. 연습할 때마다 대사가 조금씩 달라졌지만 연기는 더욱 자연스러워졌다.

우리의 연극이 완성되었을 때 교실에는 관객 한 명 없었지만, 그 어느 때보다 진지하게 연기를 했다.

처음부터 끝까지 가만히 있을 줄 알았던 지혁이도 표정을 바꿔가며 자신의 모습을 연극에서 드러냈다. 지혁이가 밝게 웃으며 마지막 대사를 하는 모습을 보며 1학기 연극 단원 수업은 잘 마무리되었다고 생각했다.

빨리 2학기를 맞아서 연극 수업을 해보고 싶은 기대감에 설렜다.

대사가 너무 길어서 못 외우겠어요

#1 등장인물 자기소개

(찰칵 소리와 함께 모두가 멈춘다. 땡 소리가 들리면 순서대로 한 명씩 자기소개를 한 뒤 자기 자리로 돌아가 처음과 같은 자세로 돌아간다.)

준: (엄지손가락을 들고 지혁이를 보고 있다가 움직인다.) 나는 지혁이와 같은 반 친구 준이야. 나는 잘 모르겠지만 친구들 칭찬을 많이 하는 것 같아. (다시 원래 모습으로 돌아간다.)

소심이(예림): 나는 지혁이를 소심하게 만드는 소심이야. 원래 지혁이가 많이 소심하지만 내가 지혁이를 더 소심하게 만들기도 하지.

자신이(윤빈): 나는 지혁이의 자신감인 자신이야. 근데 소심이가 너무 힘이 세서 내가 할 수 있는 게 별로 없어.

지혁: (소심한 모습) 나… 나는… 지혁이야. (이름만 이야기해도 좋고 끝까지 대사를 하지 못해도 상관없음.)

정혜: 나는 민재랑 같은 반 친구야.

#2

목소리: 숙제해 왔는지 확인할 테니까 책상 위에 올려놓으세요.

지혁: (숙제를 꺼내려 한다.)

소심이: (다급하게 지혁이의 숙제를 빼앗아 책상서랍에 넣어버린다.)

자신이: 뭐 하는 거야! 지혁이가 얼마나 열심히 했는데!

소심이: 열심히 했는지 안 했는지는 별로 안 궁금하고! 야, 만약 틀렸으면 창피하잖아. 어차피 선생님은 숙제 안 해 와도 화 안 내니까 넣어둬!

지혁이는 계속 고개를 숙이고 있다. 정혜가 옆으로 다가온다.

정혜: 또 숙제 안 했냐? 으이그!

대사가 너무 길어서 못 외우겠어요

#3

목소리: 공개수업이라고 떨지 말고 발표해 봅시다. 지혁이가 일어나서 말해볼까?

지혁이가 천천히 일어나려고 하는데 소심이가 급하게 지혁이를 다시 의자에 앉힌다.

자신이: 또 왜?

소심이: 야, 선생님들 다 보는 앞에서 발표하는 거 창피하잖아. 그냥 앉아 있자.

정혜: 선생님, 어차피 지혁이는 발표 안 해요! 제가 발표해 보겠습니다.

#4

목소리: 지금부터 5학년 합창이 있겠습니다. 큰 박수 부탁드

립니다.

지혁이는 노래를 부르지 않고 고개를 숙인다.
노랫소리가 들리지만 지혁이는 노래를 부르지 않는다.

정혜; (옆에서 툭툭 치며) 왜 노래 안 해?

점점 노랫소리는 작아진다.
자신이와 소심이는 말다툼을 한다.

자신이: 야! 언제까지 이렇게 소심한 학생으로 있어야 해!
나는 못 참겠어.

소심이: 들어봐. 틀리면 창피하고, 남들이 보는 것도 창피하
고, 내 생각을 말하는 것도 창피해! 틀렸을 때 애들이 놀리
는 것도 싫어! 그냥 소심한 게 좋다고!

자신이: 나도 잘해서 칭찬받고 싶다고! 너 때문에 5학년 다
망했어!

대사가 너무 길어서 못 외우겠어요

#5

지혁이는 자리에 앉아 있다. 준이가 들어온다. 준이는 지혁이에게 반갑게 인사를 한다.

준: (밝은 표정으로 신나게) 안녕! 6학년 첫날부터 일찍 왔네. 반갑다! 난 준이야!

지혁: (손을 들어 인사를 하려고 한다.)

소심이: (지혁이의 손을 잡아 내리고 몸을 준이 반대편으로 돌려 버린다.)

자신이: 이건 좀 심한 거 아니야?

소심이: 오늘 처음 보는 애한테 인사 안 해도 돼. 어차피 재도 나중에는 날 무시할 거야.

정혜: 원래 지혁이는 말 잘 안 해. 우리 놀자!

준이는 아쉬운지 계속 지혁이에게 관심을 보이지만 지혁이는 눈을 피한다.

#6

지혁이는 앉아 있고 준이가 들어와 지혁이 옆에 앉는다.

준: (지혁이를 보고 웃으며) 어? 오늘 옷 색깔 잘 어울리는데?

지혁이는 아무 말도 하지 않는다. 소심이가 몸을 또 돌리려고 하는데 자신이가 다시 돌려놓는다.

소심이: (자신이를 노려보며) 너 뭐하냐?

자신이: 저번에도 그렇고, 너무 친구를 무시하는 거 아니야? 그래도 칭찬해줘서 나는 기분 좋은데 무시하는 건 너무한 것 같아.

준이와 지혁이는 눈을 맞춘다.

대사가 너무 길어서 못 외우겠어요

#7

지혁이와 준이가 그림을 그리고 있다.

준: 뭐야? 너 그림 왜 이렇게 잘 그려? 물고기가 진짜 살아 움직이는 것 같잖아.

소심이가 지혁이 팔을 들어 그림을 가린다. 자신이는 지혁이 가리고 있던 팔을 치우고 지혁이 손을 들어 그림을 들게 한다.

소심이: 뭐하는 거야!
자신이: 준이가 칭찬해주면 고맙고 기분도 좋은데 왜 너는 항상 이런 식이야!
준: 그림 잘 그리는지 몰랐네.

지혁이가 준이를 본다.

지혁: 고마워 준아.

소심이: 뭐야? 왜 자기가 나서고 난리야!

#8

지혁이가 혼자서 노래를 흥얼거리고 있다. 멀리서 준이가 몰래 보고 있다. 준이가 지혁이에게 다가간다.

준: 야, 너 목소리 진짜 예뻐! 근데 왜 5학년 학예회 때 노래 안 하고 혼자 가만히 있었어?

소심이: 아, 쟤는 왜 항상 와서 친한 척이야 불편하게.

자신이: 불편하긴 뭐가 불편해? 칭찬해줘서 기분 좋은데!

자신이가 지혁이를 일어서게 한다. 그러고 나서 자신이가 말한다.

지혁: 나 정말 노래 잘 부르는 것 같아? 그냥 나 듣기 좋으라

대사가 너무 길어서 못 외우겠어요

고 하는 칭찬 아니고?

준: 응, 우리 학교에서 들어본 노래 중에서 제일 잘 부른 노래였어!

지혁: (무대 정면을 보면서 자신이와 함께 환하게 웃는다. 소심이는 뒤에서 뭔가 불만이 가득하다.)

#9

목소리: 숙제, 책상 위에 꺼내 놓으세요.

숙제를 꺼내는 지혁이 옆에서 웃고 있는 준. 못마땅한 표정의 소심이와 좋아하는 자신이.

#10

목소리 : 발표해 볼 사람 손 들어보세요.

먼저 손을 드는 지혁

정혜: 지혁이가 좀 변한 거 같은데?

자신이: 이제 내가 도와주지 않아도 혼자서 손을 드는데?

소심이: 에이, 지혁이는 원래 소심했는데……. 뭐 그래도 나쁘지 않네.

#11

학예회에서 밝은 표정으로 크게 노래를 부르는 지혁이와 정혜, 준.

뒤에서 흐뭇하게 바라보고 있는 소심이와 자신이.

대사가 너무 길어서 못 외우겠어요

덧붙이는 말

연극은 아이들이 자신의 속마음을 표현하는 과정이다. 가상의 인물이 되어 자기 안에 숨겨놓은 슬픔이나 고민, 걱정거리를 표출하는 기회가 된다. 당장에 문제가 해결되는 것은 아니지만 해결의 문을 열어젖힌 셈이다.

멋지게 연극을 하는 것도 중요하고 연극에 대한 지식을 익히는 것도 중요하다. 하지만 그것보다 더 중요한 것은 아이들 마음속에서 우러나오는 대사다. 아무리 좋은 극본이라도 아이들의 현실과 동떨어진 이야기는 공감대를 형성하는 데 한계가 있을 것이다.

아이들의 이야기로 연극을 만들어보자. 사실 아이들의 삶속에서 연극을 만들어내기란 번거로운 일이다. 하지만 생각보다 재미있다. 우선 아이들이 만들어내는 대사는 감탄스럽다. 또한 아이의 속마음을 살펴보는 기회가 되기도 된다. 교육적으로도 무척 소중하고 의미 있는 시간이 될 것이다.

우리가 알아서 할 테니까
손대지 말아요

나도 모르게
선생병에 걸려 너희를 무시했나 봐

건축을 예술이라고 생각하는 사람은 많지 않다. 물론 거대한 신전이나 성당, 웅장한 사찰을 볼 때면 건축물도 예술이란 생각을 하기도 한다. 하지만 똑같이 생긴 아파트와 빌딩만 보고 자란 탓인지 건축과 예술은 거리가 멀게 느껴진다.

미술 교과서에는 건축 관련 내용이 들어있다. 교과서에는 찰흙이나 종이로 작은 건물이나 도시를 만들어보는 것이 제시되어 있다. 나는 '사람이 들어갈 수 있어야 건물이지'라는 생각에 박스, 고추 모종을 고정하는 막대, 빨래 건

조대 등을 학교 쓰레기장에서 잔뜩 주워 왔다. 선생님들과 아이들은 대체 내가 뭘 하려고 하는지 몹시 궁금해했다.

"미술 한다면서요. 무슨 쓰레기만 잔뜩 들고 왔어요?"

"교실에 비밀기지를 만들 거야."

비밀기지! 생각만 해도 설레는 단어다. 공간 안에 새로운 공간을 만든다. 그곳은 온전히 자신들만의 장소가 되리라는 생각에 아이들의 눈이 반짝 빛났다.

설계부터 했다. 어떤 모양으로 만들지, 입구는 어디로 하고 어느 정도 크기로 만들지 다 같이 고민했다. 아이들이 만들기로 한 건물은 자동차 모양이었다. 창이 있고 트렁크로 들어가는 놀라운 구조의 아지트였다.

아이들은 스스로 역할을 나누어 실행에 옮겼다. 나는 잘 맞춰진 톱니바퀴 사이에서 참견꾼이 되었다.

"아니, 여기는 기둥을 세우고 붙여야지!"

"뭐 해? 여기를 테이프로 붙여야지."

"먼저 창을 뚫고 붙였어야지!"

나는 잔소리꾼이 되어 옆에서 떠들고 있었다. 평소에는

아이들에게 맡겨두고 간섭을 하지 않는 편이다. 하지만 이번에는 다시 구할 수 없을 것 같은 재료가 아까워서, 이렇게 긴 시간을 다시는 투자할 수 없을 것 같아서 끼어들기도 했다.

처음 한두 시간은 잘돼가는 듯했다. 나는 건설현장의 책임자가 되어 명령하기 바빴다. 점차 아이들의 눈빛에서 힘이 빠지고 투덜거리며 지루해하기 시작했다.

대충 모양이 잡혀갈 때쯤 건물이 기울어졌다. 사람이 잡고 있지 않으면 쓰러질 지경이었다. 내가 붙이라고 한 테이프가 벌어졌다. 창문을 뚫은 게 문제였다. 비난과 원망의 눈빛이 나를 향했다. 이럴 때는 빠르게 사과를 해야 한다.

"애들아, 진짜 미안하다! 근데 이제 시간이 없어서 어쩌지?"

"우리가 알아서 할 테니까 이제 선생님은 빠져요."

박스로 집을 만들어본 적이 없으면서 아는 척을 했다. 종종 어른이라는 이유만으로 아이들에게 강요하기도 한다. 나는 그것을 '어른병' 또는 '선생병'이라고 부르기로 했다. 아이들에게 실패할 기회를 주지 않고, 새로운 시도를 막는

우리가 알아서 할 테니까 손대지 말아요

몹쓸 병이다. 매번 그래왔겠지만 비밀기지를 만들 때 가장 깊은 병을 앓았던 것 같다. 결국 한 발자국 뒤로 물러나 지켜보기로 했다.

아이들은 쉬는 시간과 점심시간은 물론 수업이 끝나고도 집에 돌아갈 생각도 하지 않고 열정적으로 공사에 매진했다. 종종 나를 바라보며 선생님 때문이라고 투덜거리기도 했다. 하지만 아이들의 눈은 다시 빛나기 시작했다. 건물을 해체하고 실패의 경험을 바탕으로 바닥을 탄탄하게 다졌다. 외곽을 만들어 성 모양을 만들고 여닫이문까지 만들었다. 아이들은 만족해하며 완공을 나에게 알렸다.

지붕도 없는 건물이었다. 비밀기지라기에는 안이 훤히 보이는 구조였다. 하지만 아이들은 건물 안에 테이블을 놓고 비좁게 붙어 앉아 책을 읽거나 간식을 먹었다. 나에 대한 원망이 풀리지 않았는지 한동안 그곳에 나를 초대하지 않았다.

꽤 오랫동안 아이들은 그 안에서 시간을 보냈다. 나는 여러 번 사탕과 젤리를 제공한 끝에야 비밀기지에 초대될 수 있었다. 한 달 남짓 시간이 흐르고 아이들은 여러 번의

보수 공사 끝에 흉물스러워진 비밀기지를 철거하기로 결정했다.

한 달 동안 그 공간은 어느 곳과도 비교될 수 없는 장소였다. 그곳이 아이들에게 어떤 의미였는지는 아이들의 밝은 표정에서 충분히 알 수 있었다.

우리가 알아서 할 테니까 손대지 말아요

덧붙이는 말

　종종 아이들이 하는 활동에 선생님이 의견을 강력하게 주장할 때가 있다. 아이들을 못 믿은 탓이다. 상황에 따라 다르겠지만, 뚜렷한 확신이 없다면 아이들에게 맡겨두는 것도 나쁘지 않다.

　관심도 없고 노력할 의지가 없어 보인다면 슬쩍 팔꿈치를 건드려주어야겠지만 아이들 눈빛이 초롱초롱하다면 한 번 믿어보자. '실패는 성공의 어머니'라는 말도 있지 않은가. 그런데 우리는 아이들에게 실패를 경험할 기회조차 주지 않고 있다.

　나부터도 아이들이 하는 활동에 참견하고 싶어 입이 근질근질하다. 하지만 가끔은 아이들의 호기심 가득한 눈빛을 최대한 믿고 기다려주는 건 어떨까? 아니, 아이들의 실패를 적극 장려하면 어떨까?

III

◆

작품을 만드는 것도 중요하지만
그만큼이나 중요한 것은
만들어진 작품을 사랑하는 것이다.
내 이야기를 담은 작품을 사랑하는 것은
나를 사랑하는 과정이다.

캔버스에 처음 그려봐

앞에서 잠깐 언급했던 아크릴화에 대해 더 이야기하고자 한다.

학교에서 학예회를 하면 무대 주변으로 아이들 작품을 전시한다. 우리 반은 이미 완성한 작품이 많아서 전시를 하기에는 충분했다. 하지만 학예회에는 새로운 작품을 선보여야 한다는 핑계로 크고 작은 캔버스를 꺼내 왔다.

아이들은 원하는 크기의 캔버스를 선택했다. 여자아이들은 20호 사이즈의 큰 캔버스를 골라 밑칠을 시작했다. 준이와 지혁이는 10호 정도 크기의 캔버스를, 진이는 가로세로

가 20cm인 작은 정방형 캔버스를 들고는 배시시 웃었다.

윤빈이는 큰 캔버스에 야경을 그렸고 정혜는 초원을 그리고 예림이는 바다를 그렸다. 몇 개 되지도 않는 색을 섞어가며 캔버스를 빈틈없이 채우더니 작게 고양이나 사람들을 그려 넣기 시작했다. 준이와 지혁이는 영화 속 히어로를 그렸고 진이는 최근에 읽은 만화책의 한 장면을 그렸다.

사실 학기가 끝나갈 즈음이라 미술 시간에 미술 기법이나 용구 사용법을 가르쳐주진 않았다. 아이들이 색을 고를 때 도움을 청하면 한마디 조언해주고 실수를 하거나 색이 번지면 수정해주는 게 전부였다.

그렇게 작품이 완성되었다.

아이들은 만족해했고 어른들은 아이들 작품 앞에서 칭찬을 멈추지 않았다. 겨울방학 하는 날, 아이들은 작품을 소중하게 품에 안고 집으로 돌아갔다.

덧붙이는 말

　미술작품을 만드는 과정이나 이론 수업도 중요하지만 그 이후 작품의 관리도 중요하다. 자신의 작품을 아끼고 사랑하는 마음을 길러주지 않는 것은 예술 수업에서 얻은 의미를 하찮게 여기는 것과 같다. 작품에 담은 자신의 감정, 오랜 시간 친구들과 함께한 이야기와 노력을 챙기지 않으면 예술을 소모품처럼 가볍게 생각하게 될 것 같다.

　미술 수업을 하면서 결과물이 소중하게 보이도록 하는 데도 신경을 많이 썼다. 아무리 멋진 그림을 그려도 A4 복사용지에 그렸다면 보관하고 싶다는 욕구가 반감되고 말 것이다.

　나는 항상 220g 8절지를 사용한다. 잘 구겨지지도 않고 수채화를 그려도 쭈글쭈글해지지 않으며 빳빳하게 유지되는 비싼 종이. 비싼 종이에 그린 그림은 보관하고 싶은 욕구를 불러일으킨다.

액자에 끼운 그림이나 캔버스 위에 그려진 그림도 마찬
가지다. 일단 최소한의 보관 욕구가 생겼을 때 아이들은 작
품을 사랑하기 시작한다.

우리 영상 유튜브에 올려줘요

우리 추억은
영상으로 남아있다

아이들 활동 모습을 영상으로 남겨 놓는 건 내 취미다. 아이들이 그림을 그릴 때도, 글을 쓸 때도, 박스로 건물을 만들 때도, 영화를 볼 때도, 미술관에 갔을 때도 내 카메라는 꺼지는 시간이 없었다.

여유가 생기면 몇 개씩 묶어서 편집을 하고 유튜브에 올리곤 했다. (학기 초에 학생들에게 개인정보 이용 동의서를 다 받아놨기에 가능했다. 그냥 올리면 큰일 난다.)

아이들은 자신들의 활동을 관람하며 한마디씩 했다.

"아, 저때 그림그리기 싫었는데 미술 시간에 간식 준다고 해서 겨우겨우 그렸다, 진짜!"

"거짓말치지 마. 너 시간 부족하다고 점심시간에도 열심히 그렸잖아."

"아, 쌤, 제가 연기하는 부분은 넘어가면 안 돼요?"

"선생님, 우리 찰흙으로 사자 만든 영상 봐요!"

아이들은 각자 기억에 남는 활동을 회상하며 영상을 몇 번이고 돌려봤다. 몇 달이나 지난 그때의 기분을 다시 느끼기도 하고, 잊고 있던 그날의 그림이 어디로 갔는지 뜬금없이 찾기도 했다.

내가 한동안 영상을 업데이트하지 않거나 회상하고 싶은 순간이 떠오를 때면 나를 재촉했다. 언제 영상 편집을 하는지 묻기도 하고, 자기가 원하는 부분은 꼭 넣어달라며 다짐을 받아내기도 했다.

우리가 했던 연극도 올렸고 본인들의 목소리가 내레이션으로 나오는 다큐멘터리도 올렸다. 함께 바다를 갔던 날을 찍은 영상도 고스란히 업로드되었다.

뭐가 재미있는지, 어떤 생각을 하면서 보는지는 모르지만 봤던 영상을 보고 또 보며 아이들은 즐거워했다.

영상 자료는 한참 뒤에도 그날을 회상하게 해준다. 그날의 학습 과정보다는 행복했던 순간이나 친구들이랑 했던 이야기가 몽글몽글 피어오를 것이다.

매체가 꼭 영상일 필요는 없다. 적어 놨던 일기를 다시 읽거나 사진을 인화해 앨범에 차곡차곡 쌓아놓고 한참 후에 앨범을 한 장 한 장 넘기면 그날이 펼쳐진다.

아이들이 그날을 펼쳐 볼 때면 그날 하루가 기억 속의 작품이 될 것이다.

우리 잘할 수 있어요

정말로 하고 싶은
이야기로 채운 학예회

"선생님도 우리 반이니까 같이 올라가야죠!"

학예회가 한 달쯤 남았을 때 연극과 합주를 하기로 결정했다. 그무렵 진이가 나에게 이렇게 말했다. 마지막 학예회를 나와 함께하고 싶다고 했다. 내가 없었다면 하지 못했을 거라며 선생님도 꼭 함께했으면 좋겠다고 나를 붙잡았다. (한 명이라도 더 세워서 부담을 덜고 싶었을까?)

노래는 작곡 작사까지 끝낸 상태라 나는 기타만 들고 들어가 합주 연습만 하면 됐다. 문제는 연극이었다. 1학기 때 했던 연극은 등장인물 숫자가 맞지 않았다. 새롭게 인물을 넣는 것도 내켜 하지 않았다. 결국 새로 연극작품을 만들어야 했다. 아이들이 주도적으로 토의를 시작했지만 결론은 쉽게 나지 않았다. 언성이 조금씩 높아졌다. 투덕거리는 모습이 웃겨서 내가 한마디했다.

"학예회에서 뭘 할지 정하는 너희 모습을 그대로 연극으로 만드는 건 어때? 그럼 각자 하고 싶은 것도 하고 연기도 쉽게 할 수 있을 것 같은데?"

아이들은 1년 동안 함께한 순간들을 되뇌기 시작했다. 정혜는 친구들과 야영에서 춤추던 날을 떠올렸고 예림이는 연극이 제일 재미있었다고 했다. 정혜는 선생님과 함께 바다에서 시를 읽던 날을 생각했고 지혁이는 나와 기타 치며 노래 부르던 자율 동아리를 떠올렸다.

진이가 선생님 역할을 하기로 했다. (준이는 학예회 당일 해외여행을 가기로 돼 있어서 총감독이 되기로 했다.)

아이들은 과감하게 대본은 쓰지 않겠다고 선언했다. 한 장면씩 만들어 가며 대사를 해보고, 서로 대사와 동작을 피드백하면서 완성해 나가기로 했다. 어떻게 하면 관객들에게 의미 전달을 더 잘 할 수 있을까 고민하며 호흡과 목소리 톤을 바꿔 나갔다.

나에게는 중간중간 기타를 쳐달라고 부탁했다. 분위기에 맞는 배경음악이 필요하다고 했다. 첫 연극 때 음향 효과가 없었던 게 기억에 남았나 보다.

대사가 완성되었다. 우리는 시간이 날 때마다 연습을 했다. 아이들이 하고 싶은 걸 발표하게 하고 조율하는 선생님 역할에는 진이. 엎드려 자는 학생 역할에는 나. 뭐가 하고 싶냐고 묻는 선생님의 질문에 자신 있게 손을 들고 나와서 춤을 추는 정혜. 한 명씩 나와서 자기가 하고 싶은 이야기를 풀어냈다. 지혁이는 진이와 함께 노래를 불렀다. 아이들은 노래 좀 그만하자고 핀잔을 주는 연기를 했다. 윤빈이는 시 낭송은 어떠냐며 시 낭송을 했고 다른 친구들은 자는 척을 했다. 마지막에 예림이가 나와 햄릿의 한 장면을 연기하며 연극은 어떠냐고 물었다. 모두가 연극이 좋겠다고 찬성하면서 연극은 끝이 난다.

1년 동안 아이들이 활동한 모습을 다시 되돌아보자니 마음이 찡했다. 무엇보다 아이들 스스로 만들어나간 1년이 대견하기 그지없었다.

1부와 2부 마지막 공연을 6학년이 장식하기로 했다. 무대 위에서 아이들은 긴장하거나 떠는 기색을 보이지 않았다. 웃으면서 "그냥 하던 대로 하면 되죠?"라며 여유까지 부렸다.

연습 때보다 대사를 조금 더 천천히 힘을 넣어 관객들에게 전달했고 관객들은 웃기도 하고 박수를 치기도 하며 진지하게 바라봐주었다.

학예회 마지막 공연은 아이들의 노래였다. 나를 포함해 6명이 각자 다른 악기를 하나씩 들고 넓은 무대에 자리 잡았다. 아이들이 만든 가사와 멜로디가 넓은 강당을 가득 채웠다. 화려하지도 부족하지도 않은 각자의 소중한 문장을 담은 노래는 관객들에게 감동을 주기에 충분했다. 노래의 끝은 아이들이 나 몰래 연습한, 나에게 보내는 감사 인사였다.

학예회가 끝나고 학부모와 선생님들은 나에게 칭찬을 아끼지 않았다. 누구 하나 부족함 없이 악기를 들고 연주하는 모습이 감동이었다는 선생님, 우리 아이가 기타를 치면서 노래를 부를 수 있는지 몰랐다는 어머니, 항상 소심한 게 걱정이었는데 무대 위에서 자신감 있게 연기한 아이의 모습에 너무 감사하다는 아버지.

"제가 칭찬받을 일이 아니에요. 아이들이 만든 공연이에요. 자기들 이야기를 해준 아이들한테 제가 감사하죠. 집에 가서 꼭 아이들 칭찬해주세요."

진심으로 아이들에게 고마웠다.

덧붙이는 말

학예회는 즐거운 행사가 되어야 마땅하다. 하지만 어떤 학예회는 선생님에게도 아이들에게도 스트레스다. 대단한 걸 보여줘야 한다는 부담감에 많은 시간을 할애해 연습하고, 어른을 흉내 내는 모습을 보면 짠해지기도 한다.

그런 관점에서 나는 학예회에 회의적이다. 누구에게 보여주기 위한 건지, 누구를 즐겁게 해주려는 행사인지, 아이들을 광대로 만드는 학예회는 없어져야 마땅하다.

아이들이 배운 것, 알게 된 것, 말하고 싶은 것들로 학예회가 채워져야 한다. 많은 사람 앞에서 보여줘야 할 것은 꼭 그럴듯한 공연이 아니라 진짜 아이들의 이야기다. 우리 아이들은 그 수단으로 연극과 음악을 선택했을 뿐이다. 아이들의 이야기를 담을 수 있다면 형식은 상관없다고 본다.

1년 동안 이만큼 자랐다고 보여주는 아이들 잔치에 우리가 챙겨야 할 것은 따뜻한 시선뿐이다.

선생님도 학생도 용기 내서 한 발짝

저마다의 꽃으로
피어나다

아이들과 옥신각신 씨름도 했고, 별거 아닌 활동으로 그럴듯한 수업도 했다. 수업이 놀이인 듯 놀이가 수업인 듯 지내다 보니 1년이 지났다. 오로지 내 주관으로 예술수업을 진행했고, 소소한 활동들을 모아 보고서를 썼다. 다른 사람들 눈에도 예술수업으로 보였는지 작은 표창도 받았다.

졸업식이 다가올 무렵 저마다 마음에 품고 있던 아이들의 꽃도 더 활짝 피어났다(내가 아니었어도 아이들은 무럭무럭 자라지만).

점수를 매기거나 조사지를 활용하여 아이들을 평가하는 것을 좋아하는 편은 아니다. 하지만 보고서를 쓰기 위해 3월에 나눠주었던 조사지를 다시 뽑아 12월에 나눠주었다.

아이들은 각자 좋아하는 예술 장르에 맞춰 청각 또는 시각에, 또는 운동감각에 민감하게 반응할 수 있는 학습자로 변화된 결과를 보여주었다. 믿을 만한지는 모르겠지만 전체적으로는 우뇌형 학습 방식 지수가 높아졌다. 협동심은 높아졌는데 경쟁심은 낮아졌고, 독립적인 학습자가 됐다는 결과가 나왔다.

사실 그런 게 뭐가 중요한가 싶다. 그런 수치보다 아이들이 회상하며 적은 내용에 더 많은 변화가 담겨있었다.

처음 우리가 만났을 때만 해도 아이들은 자신이 무엇을 좋아하는지 알지 못했다. 질문지를 보며 자신을 평가할 때도 확신이 없었다.

봄에는 '선생님, 잘 모르겠어요'라는 말만 되풀이하던 아이들이 겨울에는 '난 이걸 잘해', '이런 식으로 공부하는 게 나랑 맞더라'라며 거침없이 조사지에 체크를 했다.

소극적인 윤빈이는 언젠가부터 친구들에게 자신의 생각

을 정확하게 전달하기 시작했다. 정혜는 서툰 실수에 주눅 들거나 눈치 보지 않고 즐겁게 생활했다.

사진 찍기를 좋아했던 준이. 1년 동안 카메라를 가지고 놀았으니 운동형에서 시각형으로 학습 양식이 변한 건 당연한 일이었다. 처음에는 시각형으로 나왔던 지혁이가 음악동아리 활동을 하고, 음악 시간에 칭찬을 잔뜩 들은 뒤 청각형 학습자라는 결과가 나온 것도 당연한 일이다.

아이들은 자신이 시각을 통해 공부하는 게 더 즐거운지 청각을 통해 공부하는 게 더 즐거운지 모르고 있었을 것이다. 내가 변화시켰다기보다는 아이들이 숨어있던 자기 자신을 스스로 만난 게 아닐까.

자유 주제라는 이야기에 어제 친구들과 나갔던 바다를 그리고 싶었다.

아크릴 물감으로 파란색과 초록색을 섞다 보니 에메랄드빛 바다가 나왔다. 내가 봐도 잘 그린 것 같았다. 사람을 잘 표현하지 못해 아쉽긴 했지만 다음에 사람 그리는 연습을 해서 그날 기억을 더 잘 표현하고 싶다.

연극을 만들기 전에 영화 〈인사이드 아웃〉을 참고하여 대본을 만들었다. 꽤 괜찮은 것 같았다. 실제로 연극을 해보니 재미있다는 생각이 들었다. 내가 연기자가 된 기분이었고 옆에 있는 친구도 배우 같았다.

학교 뒷산에 친구들과 함께 나가는 건 처음이라 기대가 되었다. 먼 거리를 걸어서 세 번이나 갔지만 갈 때마다 계절이 바뀌어 다른 느낌이었고 개복숭아 나무의 사계절이 아닌 5년 10년의 변화도 보고 싶었다.

노래를 직접 만든다고 해서 기대를 많이 했다.
〈어남여사〉와 〈우리는 울까?〉라는 노래가 탄생했고 잘 만든 노래인 것 같다. 다른 이야기로 또 만들고 싶다는 생각이 들었다. 다음번에는 더 어려운 노래를 만들 수 있겠지?

도서관에는 재미없는 책만 많았다. 하지만 《여중생A》라는 책을 선생님이 가져왔고 다 읽을 때까지 정말 행복했다. 책을 읽으며 행복한 적은 처음이었다.

아침에 선생님이 클래식이나 재미없는 영상만 틀어줘서 별로였다. 듣다 보니 현악기가 궁금해졌고 바이올린 말고 첼로나 콘트라베이스도 연주해보고 싶었다. 중학교에 가면 첼로를 쳐 볼 수 있을까?

공부한 지 한참이 지났는데도 아이들은 나와 했던 활동을 회상하며 거침없이 적어나갔다. 아이들은 조금 더 잘하고 싶어 했고 다시 하고 싶어 했다. 더 많은 예술 활동을 나에게 요구했고 더 수준 높은 예술을 갈망했다. 나에게 의미 있게 다가온 부분은 자신들의 이야기를 자신들이 원하는 방식으로 표현할 수 있게 되었다는 것과 서로의 이야기를 담은 작품을 보며 서로 고개를 끄덕이고 토닥여줄 수 있게 되었다는 점이다. 잘 했는지 못 했는지를 떠나서 친구의 작품과 나의 작품을 사랑할 수 있게 되었다는 건 의미 있는 일이다.

나에게 숙제가 생겼다. 내년에 만날 아이들과 뭘 하고 놀아야 할까, 아이들의 색을 어떻게 찾아낼 수 있을까, 올해보다 아이들의 꽃을 더 활짝 피워 줄 수 있을까, 고민하게 되었다.

내가 되고 싶었던 선생님이 될 수 있도록 한 발짝 나아가
게 해준 아이들이, 고맙다.

선생님, 울어요?

이 글을 마치면서 아이들과 이별하던 날을 쓸까 말까 한참 동안 고민하다, 쓴다.

학예회 마지막 공연에서 아이들이 나 몰래 준비한 인사를 했다.

"선생님, 1년 동안 감사합니다."

그 말을 듣고 나는 눈물이 찔끔찔끔 나와 허둥지둥 무대를 내려왔다. 졸업하는 날까지 선생님이 무대 위에서 울었다며 아이들에게 놀림을 당했다.

졸업식은 코로나19로 인해 조촐하게 열렸다. 학부모도 다른 선생님도 없이 우리끼리만 있는 교실은 슬프지도, 그렇다고 신나지도 않았다. 다만 어색한 시간이었다. 아이들도 말을 아꼈고 나도 말을 아꼈다. 매번 졸업식 때마다 울었던 준이는 이번 졸업식에는 울지 않을 수 있겠다며 빨개진 눈으로 말했다. 나는 눈이 빨갛다며 준이를 놀렸지만 정작 내 눈도 빨개져 있었다. 준이는 눈물을 참은 자신이 마치 어른이라도 된 양 자랑스러워했다. 나도 부끄럽게 아이들 앞에서 눈물을 보이지 않아 다행이라고 생각했다.

나는 아이들에게 줄 마지막 선물로 영상을 하나 만들어 놨다. 1년 동안 아이들의 모습을 차곡차곡 담아놓은 영상을 편집하고 그 위에 아이들에게 하지 못한 내 마음속 이야기를 노래로 만들어 입혔다. 이 영상을 틀어야 하나 말아야 하나 한참을 고민하다 아이들을 보낼 시간이 다 돼서야 보여줄 게 있다며 영상을 재생했다.

오늘 너희에게 마지막으로 편지를 쓴다

졸업식이니까 오글거려도 꾹 참아라

막상 쓰다 보니 잔소리만 가득하다

그래도 마지막 말이니 잘 들어라

공부는 못 해도 된다. 하지만 안 하는 건 다르단다

예습 복습은 못 해도 수업 시간에는 잘 들어라

숙제도 꼭 하고

친구랑 싸우지 마라

어차피 화해할 게 뻔하지만

친구 마음에 상처는 그대로 남아 쌓일 수도 있으니까

내가 욕심이 너무 많아 이거 해라 저거 해라

이건 하지 마라 저건 하지 마라 정말 미안했어

싸우기도 하고 속상하기도 했지만

그래도 난 너흴 만나 정말 고맙고 행복했어

이제 하고 싶은 걸 해라

내가 가둬 둔 틀에서 벗어나서

더 밝게 빛나라 그 빛을 보고 내가 미소 짓게

더 좋은 선생님 만나

멋진 어른이 되거라

어깨는 펴고 다녀라

모르는 게 창피한 건 아니니까

몰라서 배우는 게 학생이다

나는 너희들에게 늘 그렇게 이야기했다

혹시나 어른이 되고 나서도 생각이 나면

그때 한번 연락해라

한 번은 만나고 싶다

오늘 내 앞에서 울지 마라

너희가 울면 나도 따라 울 테니까

우리 웃으며 헤어지자

내 부족한 실력으로 만든 노래가 나오는 뮤직비디오를 보면서 아이들은 키득거리다 어느새 입을 다물고 서로의 눈길을 피했다.

마지막으로 단체 사진을 찍으려고 타이머를 맞추고 셔터를 누르기 전 "마지막 사진 찍는다. 하나, 둘, 셋" 하고 말하려는데 '셋'에서 목이 메어 목소리가 나오지 않았다.

하고 싶은 말이 많았지만 "잘 가"라고 겨우 말하고 나서 나는 눈물을 뚝뚝 흘렸다. 준이는 평소처럼 "안녕히 계세요"라는 말을 하지 못하고 굵은 눈물을 펑펑 쏟아냈다. 다른 아이들도 눈시울이 붉어졌다. 지혁이는 씩씩하게 집에 가는가 싶더니 집에서 한 시간도 넘게 울었다고, 1년 동안 지혁이 좋은 담임선생님이 돼 주셔서 감사하다고, 하는 부모님의 문자를 받았다. 졸업식이 끝나고 한참이 지났음에도 아이들과 학부모님이 보내는 문자에 내 눈가는 다시 촉촉해졌다.

울고 나서 민망하기도 했지만 앞으로 내가 선생님으로 살면서 이렇게 울 기회가 또 있을까, 싶어 썼다.

정혜야, 예림아, 윤빈아, 준아, 지혁아, 진아
보고 싶다.

선생님, 오늘은 뭐 하고 놀아요?

초판 1쇄 인쇄 2020년 11월 27일
초판 1쇄 발행 2020년 12월 7일

지은이	김한결
펴낸이	문채원
편집	이은미

펴낸곳	도서출판 사우
출판	등록 2014-000017호
주소	서울시 양천구 목동동로 50, 1223-508
전화	02-2642-6420
팩스	0504-156-6085
전자우편	sawoopub@gmail.com

ISBN 979-11-87332-58-9 03370